U0055522

考前 **15** 天 輕鬆考證照

銀行內部控制
及內部稽核 規範要點

❖ 針對銀行內控及內稽測驗量身訂作！
❖ 內控+內稽+存放款+信用卡+財富管理+外匯+法規！
❖ 要點化+圖表化+小叮嚀+模擬考題！

賀冠群 著

作者序

本書特針對銀行內部控制及內部稽核資格測驗範圍,撰寫銀行內控、銀行內稽、存款放款、信用卡、財富管理、外匯與銀行法規等金融業務規範與實務要點,非常有助於了解銀行業的組織運作、各項業務及行政之內控、內稽與流程規範。此外,本書結合圖表、小叮嚀與模擬考題解析,非常有助於財金商學相關系所學生、從業人員與考生研讀!

另外,考量進入銀行工作,通過銀行內部控制及內部稽核資格測驗是必備的證照,因此筆者融合實際高分通過考試經驗並整合金融法規與實務經驗,獨家分享考情分析、模擬考題及考題解析,期望幫助學生、從業人員或考生們快速掌握重點並了解各項規範之理由與觀點。

最後,內控內稽規範與金融實務或學理廣泛且專業艱深,筆者雖戮力以赴,但恐有謬誤或疏漏,敬祈海內外宏達與師長專家前輩指正與見諒。

賀冠群　106 年 2 月於台北

Contents

第一章 報考須知、考情分析與裁罰案件分享

第一節　報考須知與考情分析
第二節　考取效益與答題技巧
第三節　裁罰案件分享

✧　主要考試範圍是？
✧　及格標準？考試報名費用？
✧　通過考試有何效益？
✧　選擇題有那些答題技巧？
✧　主管機關之裁罰案件有哪些需要留意？

第一章 報考須知、考情分析與裁罰案件分享

第一節 報考須知與考情分析

一、辦理測驗之依據

依據「銀行內部控制及稽核制度實施辦法」第 24 條第 1 項第 3 款；銀行業具有業務或交易核准權限之各級主管，應於就任前取得主管機關認定機構舉辦之銀行內部控制與內部稽核測驗考試合格證書。

二、報名費用：

電腦線上測驗費用 900 元整；採電腦作答。

三、報名方式：

透過金融研訓院採網路報名方式辦理，恕不受理現場或郵寄通訊報名；請於報名期間至金融研訓院網頁【測驗證照】→【各項測驗報名】

(網址：http://www.tabf.org.tw)

四、考試題型：選擇題(四選一)、不倒扣。

五、及格標準：平均每科 70 分及格。

六、考試科目：

(一) 內部控制與內部稽核法規：

測驗時間 60 分鐘；試題題數：50 題，滿分 100 分。

(二) 內部控制與內部稽核概論：

測驗時間 90 分鐘；試題題數：80 題，滿分 100 分。

七、考試範圍：

(一) 銀行內部控制與內部稽核法規：
主要考試範圍為相關法規命令。內容涵蓋基本法令及
行政規範：涵蓋銀行法、金控法、相關規範辦法及函
令。

(二) 銀行內部控制與內部稽核：
1. 內部控制與內部稽核制度
2. 金融機構各項業務查核：包含存款、授信(放款)、外
匯、消費金融、信託、財富管理、票券及證券、衍生
性金融商品、資訊科技與票據等業務。

第二節 考取效益與答題技巧

一、考取後效益

1. 晉升主管必備：通過銀行內部控制與內部稽核考試是所有
銀行對於員工晉升的基本要求，也是對於銀行主管之必備
要求。

2. 加分：許多銀行針對通過內部控制與內部稽核考試給予優
先錄取、晉升加分或年終考績評分之加分，例如：通過內
部控制與內部稽核考試之分數可加分 1~2 分。

3. 有助於增進銀行存放款、票據、外匯、放款、消金、信用
卡、財富管理等各項業務實務與內控要求。

二、重點與答題技巧

1.銀行內控與內稽之法令規範，當然是本考試的重點，主要的行政規範為「金融控股公司及銀行業內部控制及稽核制度實施辦法」。

2.答題技巧：違反法令遵循、違反稽核或控管原則、違背風險控管、損及客戶權益、違反誠實信用、違反相互牽制原則等情況，則是錯誤的選項。例如由授權不足人員核准發卡即是違法行為。

3.留意日期期限：選擇題最喜歡考與數值有關的題目。例如多為 10 日為限；各項文件或錄音檔案至少保存 5 年；需有 2 年金融保險實務經驗。

4.善用歸納分類記憶法：不要填鴨式或無條理地亂背一通。

5.多做模擬考題：模擬考題或考古題出現機率高。

6.其他：務必依照最新法規準備考試，務必留意新頒規定或修訂後規定。

第三節 裁罰案件範例與說明

為協助讀者對於法令遵循與內控內稽能有初步的了解，先行針對主管機關裁罰案件修訂後，摘要如下分享：

一、銀行行員<u>吳內控</u>挪用代收款項案，核有未確實執行內部控制制度之缺失，依銀行法第 129 條第 7 款規定，核處新臺幣 300 萬元罰鍰，併依銀行法第 61 條之 1 第 1 項第 3 款規定，命令該行解除<u>吳內控</u>之職務。

說明：

● 本案行員自 103 年 5 月至 105 年 7 月間挪用經收代收款項總計 315 筆，金額新台幣 950 萬元。

● 本案行員未依該行內部規範即時登錄電腦入帳，相關主管未確實依該行內規抽查，核有未確實執行內部控制制度之缺失。

● 法令依據與裁罰：違反銀行法第 45 條之 1 第 1 項規定，依同法第 129 條第 7 款規定核處新臺幣 300 萬元罰鍰，併依同法第 61 條之 1 第 1 項第 3 款規定，命令該行解除該行員之職務。

二、銀行行員<u>賈內稽</u>挪用客戶存款及規費款項，未確實執行內部控制制度，依銀行法第 129 條第 7 款規定，核處新臺幣 300 萬元罰鍰，併依同法第 61 條之 1 第 1 項第 3 款規定，命令該行解除<u>賈內稽</u>之職務。

說明：

- 銀行行員**賈內稽**涉嫌挪用客戶存款，有將已開立完成之定期存款交易沖轉刪除，以現金提領挪用存戶原存入款項而且綜合存款定期解約未蓋存戶原留印鑑。
- 存摺換發及存摺使用登記簿有未經相關人員簽章等情事，主管未確實執行覆核作業，該行核有未確實執行內部控制制度。
- 該行代收規費款項作業，係由櫃員同時擔任收款並執有收付章及登帳作業，涉有缺乏內控牽制機制。
- 法令依據與裁罰：違反銀行法第 45 條之 1 第 1 項規定，依同法第 129 條第 7 款規定核處新臺幣 300 萬元罰鍰，併依同法第 61 條之 1 第 1 項第 3 款規定，命令該行解除**賈內稽**之職務。

三、銀行行員吳內控招攬客戶申辦貸款供自身使用、挪用客戶存款及與客戶有私下借貸行為等缺失，涉及違反銀行法第 45 條之 1 第 1 項規定。

說明：

- 銀行行員吳內控招攬客戶申辦貸款供自身使用、挪用客戶存款及與客戶有私下借貸行為等缺失，違反銀行法第 45 條之 1 第 1 項規定。
- 法令依據與裁罰：依銀行法第 129 條第 7 款規定，核處該行新臺幣 300 萬元罰鍰，併依同法第 61 條之 1 第 1

項第 3 款規定命令該行解除<u>吳內控</u>職務。

四、OO 銀行遭美國紐約州金融署裁罰美金 1.8 億元一案，貴行經營管理及處理過程核有未落實建立及未確實執行內部控制制度之缺失，有礙健全經營之虞，違反銀行法第 45 條之 1 第 1 項規定，依同法第 129 條第 7 款規定，核處新臺幣 1,000 萬元罰鍰，併依同法第 61 條之 1 第 1 項規定核處應予糾正，且自處分生效日起，暫停貴行申請增設海外分支機構至本案缺失完成改善為止，並命貴行解除○○○之總經理職務、○○○之紐約分行經理職務、○○○之副總經理職務、○○○之總稽核職務、○○○之法遵長職務。

說明：

● 未督導海外分行建立有效之法令遵循制度。

● 董事會未加強對海外分支機構法令遵循及防制洗錢之督導。

● 內部稽核未能確保查核品質及督促海外分行改善缺失。

● 法令遵循人員之工作安排有職務衝突，且未充分瞭解防制洗錢法令規範。

● 負責海外分行管理單位未將重大訊息及時並充分提供董事會，未能落實公司治理。

● 法令依據與裁罰：銀行法第 45 條之 1、第 61 條之 1、第 129 條第 7 款。

五、OO行辦理衍生性金融商品業務所涉缺失，有礙貴行健全經營之虞，依銀行法第61條之1第1項規定，核處應予糾正，併依同條項第2款規定，自處分生效日起，停止貴行新承作複雜性高風險衍生性金融商品業務(但不包括既有客戶之停損或平倉交易)，至本會認可缺失改善後，始得恢復承作。

說明：

● 未落實認識客戶及認識商品作業，核有未落實「銀行辦理衍生性金融商品業務應注意事項」第10點規定辦理。

● 銷售作業及業務管理未見妥適：組合式選擇權之商品說明書及風險預告書未完整揭露商品風險特性，核與應注意事項規定不符。

● 未落實法令遵循：未將辦理衍生性金融商品業務之稽核缺失、客戶紛爭及確實執行認識客戶作業(KYC)等非財務指標納入業務人員業務獎金考核項目。

● 未妥適建立適當風險控管機制：未確實依客戶承擔潛在虧損之能力核給客戶非避險額度。另外，未每年檢討衍生性金融商品業務之經營策略及作業準則。

● 法令依據：銀行法第61條之1第1項規定

六、行員吳內控挪用客戶資金及私自提前解約客戶保單案，核有內部控制制度疏漏及內部查核未確實執行缺失，有礙健全經營之虞，違反銀行法第45條之1第1項規定，依同法129條第7款規定，核處新臺幣300萬元罰鍰，

併依同法第 61 條之 1 第 1 項第 3 款規定，命令貴行解除<u>吳內控</u>之職務。

說明：

● 行員<u>吳內控</u>於 104 年 3 月至 105 年 12 月間利用取得客戶網路銀行密碼、偽冒客戶簽名辦理保單解約、取得客戶已簽章之提款單及存摺，未依客戶指示辦理相關業務等方式，挪用客戶款項計約 1,000 萬元，經核貴行有內部控制制度疏漏及內部查核未確實執行之缺失。

● 法令依據：銀行法第 45 條之 1 第 1 項、第 61 條之 1 第 1 項第 3 款及第 129 條第 7 款規定。

七、OO 商業銀行辦理衍生性金融商品業務核有未確實執行內部控制、內部作業制度與程序之缺失，違反銀行法第 45 條之 1 第 1 項及第 4 項規定，依同法第 129 條第 7 款規定，核處新臺幣 800 萬元罰鍰；另有關缺失有礙貴行健全經營之情事，併依同法第 61 條之 1 第 1 項規定，核處予以糾正及限制貴行新承作隱含賣出外匯選擇權衍生性金融商品業務（含結構型商品業務）。

說明：

● 有未具法定資格條件人員辦理衍生性金融商品交易，核與行為時之「銀行辦理衍生性金融商品業務應注意事項」規定不符。

- 有未符合「銀行辦理衍生性金融商品自律規範」及「銀行辦理衍生性金融商品業務風險管理自律規範」前；即新承作非避險性 TRF 交易之情事。

- 衍生性金融商品業務人員酬金制度，核與「銀行辦理衍生性金融商品業務內部作業制度及程序管理辦法」第 11 條規定不符。

- 金融商品行銷人員與客戶聯繫交易條件時，有建議改用個人手機進行談話，以避免談話內容遭錄音，並且行銷人員以不當話術推介衍生性金融商品。

- 未由具法定資格人員辦理 KYC 作業，違反「銀行辦理衍生性金融商品業務內部作業制度及程序管理辦法」規定。

◇ 面對人生逆境低潮，勇敢面對處理應對吧！

◇ 往前看您的人生，然後勇敢向前邁進！

第二章 銀行業組織、法規架構與內控內稽觀念基礎

第一節 銀行業組織架構與分工概念

第二節 銀行業法規架構要點與內控基礎

- 銀行業的組織架構?
- 稽核室直屬董事長?
- 銀行一定要設立風險管理單位與法令遵循專責單位嗎?
- 內部控制包含哪些制度?

第二章 銀行業組織、法規架構與內控觀念基礎

第一節 銀行業組織架構與分工概況

　　商業銀行為股份有限公司組織型態，銀行(公司)的最高決策機構為董事會，董事長為董事會之代表。董事長下設總經理一人，綜理整體公司之經營管理與決策。為維持超然獨立運作，總稽核直接歸屬於董事會。另外，銀行組織架構中，尚有法令遵循部、風險管理部、業務部門、會計部、財務部、資訊部門、企劃部、總務人事管理、授信部、消金部、企金部、信託部、保險部、國際部與各分行等相關單位。

一、行政管理相關部門(專業部門或行政管理)：

1. 秘書室：掌理董事會事務及文書業務等事宜。
2. 稽核處：掌理內部稽核業務之規劃、推動、追蹤考核及參與訂定、修正各種作業及管理章則等事宜。
3. 法令遵循部：掌理涉訟及非訟案件之協辦聯繫、委任律師辦理法律案件之聯繫處理、法令遵循制度之規劃、管理及執行、防制洗錢與資恐風險之規劃與執行、法令遵循事務之統籌與落實等。
4. 風險管理部：掌理風險管理政策及風險管理制度之規劃與建置、風險管理規章與系統之規劃及整合、整體風險之評估管理等事項。

5. 業務企劃部：掌理營運及營業政策之規劃與研議、年度計畫之研議與執行、總行管理單位績效評核等事項。

6. 人力資源處：掌理人力規劃、員工之甄選任免遷調、薪資發放、員工考核、獎懲、差勤管理、行員訓練、文書之管理等事項。

7. 總務處：掌理庶務及費用出納、各項設備物品購置、維護及管理、勞工安全衛生等事項。

8. 會計部：掌理會計制度規劃及擬訂、預算、內部審核、財務報表等之編製及申報等事項。

9. 財務部：掌理台外幣資金調度、規劃、資金運用及有價證券投資、存放款利率之研議與管理、流動性與利率敏感性之管理等事項。

10. 資訊部：掌理資訊業務之規劃與執行、資訊業務系統開發、設計、調整與建置，資訊系統設備之操作、管理及安全維護，電子金融業務之規劃、整合、督導與推廣服務。

二、營業單位或業務推動管理之相關單位

1. 授信管理部：掌理授信政策之擬訂、授信業務審查之督導與管理、授信業務章則之訂定、逾期放款、催收款及呆帳催收管理事項、授信統計資料與報表及彙報等事項。

2. 審查徵信部：掌理徵信業務之規劃與執行、授信案重大訊息、重大變故之通報管理、徵信調查資料之搜集與管理、輔導分行徵信業務。

3. 消費金融部：掌理消費金融業務之規劃、推展、管理及諮詢管理，信用卡業務之規劃、推展、管理及諮詢服務，消費金融業務資料之研究及統計分析等事項。

4. 企業金融部：掌理企業法人之金融業務之規劃、行銷推展與輔導、企業財務規劃及企業直接金融之行銷等事項。

5. 財富管理部：掌理財富管理業務計畫之訂定及執行、財富管理業務規劃、推展、考核、管理及教育訓練安排等事項。

6. 保險代理部：產壽險代理業務受理、聯繫、商品上市停售、訓練輔導、業績統計與業務推動等事項。

7. 信託部：掌理信託業務之規劃與執行、受託經管及運用各種信託資金與財產、募集共同信託基金、辦理保管業務及受託擔任保管銀行等事項。

8. 國際部：掌理外匯業務之規劃、推展與管理，國外分支機構及國際金融業務分行業務之規劃、管理及考核，外匯業務之規劃、管理及執行等事項。

9. 各地區分行：掌理存款匯款業務、自動櫃員機、理財服務、國際匯兌、放款、票據、信用卡業務、顧客溝通諮詢、申訴及通報等事項。

第二節 銀行業法規架構要點與內控基礎

一、主要法律：
1. 銀行法
2. 金融控股公司法
3. 信託法、信託業法
4. 票券金融管理法
5. 管理外匯條例
6. 洗錢防制法

二、主要內控內稽規範：
1. 銀行業內部控制及稽核制度實施辦法
2. 銀行公會或有關公會各項業務規範或自律規範
3. 主管機關核准之業務規範

三、主管機關及相關單位：
1. 93 年 7 月起設立金管會，綜理金融發展、監督管理及檢查業務。主要管理銀行業之單位為金管會銀行局。
2. 金融檢查機關 (金管會檢查局) 之查核，屬於我國金融體系的外部稽核。
3. 中央銀行
4. 銀行公會
5. 信託公會
6. 票券公會
7. 法務部調查局

8. 財政部

9. 財團法人金融聯合徵信中心(聯徵中心)

10. 財團法人聯合信用卡中心

四、銀行內部控制及內部稽核之基本原則

1. 落實法令遵循原則與風險控管原則：銀行應依據各項法規命令要求經營，以避免經營陷入困境，並應嚴加控管可能之損失風險，例如：應該針對關係人貸款風險予以限額控管。

2. 獨立監督原則：無論監察人、審計委員會、獨立董事、稽核室，皆應秉持超然獨立監督原則，不得有利害衝突。

3. 分層負責原則與相互牽制原則：銀行業之高層、中階與基層職員，各有其職掌與分層負責事項與授權。此外，職務分配時也應該落實相互牽制原則，減少可能之舞弊風險。例如：需要取得主管卡片授權或簽章才能獲得授權執行交易、會計人員不宜兼任出納事務、金庫的密碼與鑰匙應交由不同人分別保管。

4. 誠實信用原則及保障客戶權益原則：善盡通知或告知義務，並有效避免客戶紛爭及糾紛是銀行業的關鍵成功之鑰，否則裁罰不斷，銀行業無法永續經營。因此銀行業除了應加強資訊充分揭露與風險告知外，更應保障客戶權益。例如：交易風險之告知、費用揭露、貸款條件變化之提早通知等。

五、銀行內部控制架構圖

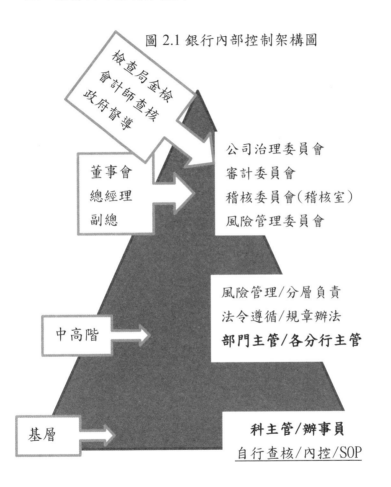

圖 2.1 銀行內部控制架構圖

六、銀行內部控制及內部稽核的三道防線

完整的內部控制制度涵蓋三道防線，**各分行及各單位自行查核**為第一道防線，可直接防止疏失及弊端。另外透過第二道防線，**法令遵循與風險管理單位**的客觀專責監控與要求，執行第二層把關。最後**稽核單位**定期實施稽核稽查，並提出改善要求，則為第三道防線，也是銀行內部控制的最後一道防線；可見內部稽核實為內部控制的一環。

1.第一道防線—各單位自行查核（風險確認評估與管理、監控）：銀行各單位就其功能及業務範圍，承擔各自日常事務所產生的風險。

2.第二道防線—法令遵循、風險管理（風險監控）：第二道防線包含風險管理、法令遵循及其他專職單位；依其特性協助及監督第一道防線辨識及管理風險。

3.第三道防線—內部稽核（獨立監督）：協助董事會及高階管理階層查核與評估風險管理及內部控制制度是否有效運作。

七、銀行之可能風險項目

1.利率風險

2.市場風險

3.信用風險

4.流動性風險

5.作業風險

6.法令風險

7.其他風險

八、銀行之獲利來源概況

　　銀行之獲利來源可概分為三項，並分別由三個不同來源的單位所創造。首先，銀行吸收存款並放款予民眾或法人，可賺取利差。其次，民眾或法人向銀行購買基金、信託、投保保險等金融保險商品後，銀行也可賺取手續費、佣金或費用收入等項目。第三，銀行之投資部門透過有價證券投資，也能為銀行創造利息、股利或資本利得等投資收益。列表概述如後。

表 2-1 銀行獲利來源概況

單位別	存放款單位	財富管理單位	投資部門
主要獲利來源	放款利率扣除存款利率之利差	保險、基金、信託及其他標的之收入	投資收益
主要獲利項目	1.利差收入 2.費用收入	1.手續費收入 2.佣獎收入 3.費用收入 4.管理費收入	1.資本利得(賣出收益扣除買進成本) 2.股利或利息

心靈分享：

● 老朋友聚會前，大家算算，啊！二十五年不見了！真是時光飛逝！過去的，追不回來了，只能坦然讓它過去吧！未來的，充滿變數，實在難以掌握，只能把握現在，一步一腳印地向前跨出下一步！

● 與其懷憂喪志、緬懷過去，不如把握當下，發揮行動力地面對問題、處理與解決問題。

● 無論佛教、道教、天主教與基督教等宗教，都認為人有來生、也有過去生。但是，過去生的您，所遭遇的人事物與這一生是否相同，肯定不同。來生的您，所遭遇的人事物、與這一生是否相同，肯定也不同。既然如此，還是好好珍惜這一生的時光、好好地學會與周遭的人事物共處，一起和樂共生吧！

第三章 銀行內控內稽制度規範要點

第一節 銀行內控內稽制度規範要點
第二節 銀行稽核與自行查核規範要點
第三節 法令遵循規範要點
第四節 會計師查核與風險管理規範要點

- 對於稽核人員有何資格要求？
- 在職教育訓練有何要求？
- 總稽核有何責任？
- 法遵部門主管之職級是？
- 風險管理之職掌包含哪些？
- 何謂內控聲明書？
- 可以隨便找一家會計師事務所辦理查核業務嗎？

第三章 銀行內控內稽制度規範要點

第一節 銀行內控內稽制度規範要點

　　銀行內控與內稽之法令規範，當然是本書及內控內稽考試的重點，主要的行政規範為「金融控股公司及銀行業內部控制及稽核制度實施辦法」[1]。法源依據如下：

銀行法第 45-1 條

　銀行應建立內部控制及稽核制度；其目的、原則、政策、作業程序、內部稽核人員應具備之資格條件、委託會計師辦理內部控制查核之範圍及其他應遵行事項之辦法，由主管機關定之。

銀行對資產品質之評估、損失準備之提列、逾期放款催收款之清理及呆帳之轉銷，應建立內部處理制度及程序；其辦法，由主管機關定之。

銀行作業委託他人處理者，其對委託事項範圍、客戶權益保障、風險管理及內部控制原則，應訂定內部作業制度及程序；其辦法，由主管機關定之。

一、制度架構、目標與範圍要點歸納說明

　　1.銀行業，包括銀行機構、信用合作社、票券商及信託業。

---

[1] 金融控股公司及銀行業內部控制及稽核制度實施辦法;修正日期 ：民國105 年 07 月 05 日

2.銀行業以外之金融業兼營票券業務及信託業務者,其內部控制及內部稽核制度除其他法令另有規定外,應依本辦法辦理。

3.保險業、證券業、投信投顧業與期貨業不適用於銀行內控內稽制度辦法。金管會保險局與證期局已針對保險業及證券期貨投信投顧業者,另外訂定內控內稽辦法。

4.金融控股公司及銀行業應建立內部控制制度,並確保該制度得以持續有效執行,以健全金融控股公司(含子公司)與銀行業經營。

5.金融控股公司(含子公司)與銀行業應規劃整體經營策略、風險管理政策與指導準則,並擬定經營計畫、風險管理程序及執行準則。

6.內部控制之基本目的在於促進金融控股公司及銀行業健全經營,並應由其董事會、管理階層及所有從業人員共同遵行,以合理確保達成下列目標:

- **營運之效果及效率目標(Business Result)**:包括獲利、績效及保障資產安全等目標。

- **報導具可靠性、及時性、透明性及符合相關規範(Reporting)**:包括金融控股公司及銀行業內部與外部財務報導及非財務報導。其中外部財務報導之目標,包括確保對外之財務報表係依照一般公認會計原則編製,交易經適當核准等目標。

- **相關法令規章之遵循。**

7.金融控股公司及銀行業之內部控制制度,應經董事會通過,如有董事表示反對意見或保留意見者,應將其意見

及理由於董事會議紀錄載明，連同經董事會通過之內部控制制度送各監察人或審計委員會；修正時，亦同。

8. 金融控股公司及銀行業應建立內部稽核制度、自行查核制度、法令遵循制度以及風險管理機制，以維持有效適當之內部控制制度運作。內部控制制度涵蓋職務輪調制度、休假制度及分層負責制度，但不包含員工福利制度或旅遊制度。

9. 金融控股公司及銀行業設置審計委員會者，其內部控制制度，應包括審計委員會議事運作之管理。

10. 金融控股公司及銀行業應於內部控制制度中，訂定對子公司必要之控制作業，其為國外子公司者，並應考量該子公司所在地政府法令之規定及實際營運之性質，督促其子公司建立內部控制制度。

11. 依據巴賽爾監理委員會的內部控制制度評估原則，內部控制制度應送交董事會通過。

說明：

內部控制制度涵蓋全公司各單位的制度、規範、辦法、程序、手冊與管理；包含總務人事、財會投資、行銷業務通路、金融檢查與資訊。

小叮嚀：

有效的內部控制制度包含：

● 中高階主管之覆核工作

● 會計帳簿核對與調節制度

● 分層負責授權制度

● 權責劃分制度

● 有效的內部控制制度不包含員工旅遊等福利。

● 依據巴賽爾銀行監理委員會內部控制制度評估原則，應由**高階管理階層**(總經理或副總等)負責內部控制制度之執行，而非董事長、董事會、稽核委員會或稽核室。

二、業務規範及處理要點說明

1. 內部控制制度應涵蓋所有營運活動，並應訂定下列適當之政策及作業程序，且應適時檢討修訂：

● 組織規程或管理章則，應包括訂定明確之組織系統、單位職掌、業務範圍與明確之授權及分層負責辦法。

● 相關業務規範及處理手冊，包括：

■ 投資準則。

■ 客戶資料保密。

■ 利害關係人交易規範。

■ 股權管理。

- 財務報表編製流程之管理，包括適用國際財務報導準則之管理、會計專業判斷程序、會計政策與估計變動之流程等。
- 總務、資訊、人事管理（銀行業應涵蓋輪調制度及休假規定）。
- 對外資訊揭露作業管理。
- 金融檢查報告之管理。
- 金融消費者保護之管理。
- 其他業務之規範及作業程序。

2. 有效內部控制原則應該包括監控作業與缺失改善。

3. 建立海外分行與總行之通報系統，可達到確保內部控制有效運作之目的。

4. 金融控股公司業務規範及處理手冊應另包括子公司之管理及共同行銷管理。

5. 銀行業務規範及處理手冊應另包括出納、存款、匯兌、授信、外匯、新種金融商品及委外作業管理。

6. 信用合作社業務規範及處理手冊應另包括出納、存款、授信、匯兌及委外作業管理。

7. 票券商業務規範及處理手冊應另包括票券、債券及新種金融商品等業務。

8. 信託業作業手冊之範本由信託業商業同業公會訂定，其內容應區分業務作業流程、會計作業流程、電腦作業規範、人事管理制度等項。信託業應參考範本訂定作業手

冊,並配合法規、業務項目、作業流程等之變更,定期修訂。

9. 股票已在證券交易所上市或於證券商營業處所買賣之金融控股公司及銀行業,應將薪資報酬委員會運作之管理納入內部控制制度。

10. 各種作業及管理規章之訂定、修訂或廢止,必要時應有法令遵循、內部稽核及風險管理單位等相關單位之參與。

小叮嚀:

● 一般公司皆訂有公司章程、組織職掌、分層負責表、SOP 規章辦法或要點,以供遵循。

● 為落實海外分行內部控制制度之執行,應遵循以下規範:

  ◇ 支出交易或業務費用項目應該檢附相關憑證

  ◇ 應該落實職務輪調制度

  ◇ 應建立海外分行與總行的通報系統

  ◇ 應該加強員工法治教育及品德操守考核

  ◇ 為防止弊端發生,會計業務主管不宜兼辦出納或經管財物事務

三、內部控制制度之組成要素

金融控股公司(含子公司)與銀行業之內部控制制度應包含下列五項組成要素:

1.控制環境(內控制度基礎)　→　2.風險評估(目標確定與風險評估)　→　3.控制作業(風險控制)　→
4.資訊與溝通(有效溝通)　→　5.監督作業

◇　口訣：控環風評控作資通監督
◇　被控告環境風險評估控制作業違法以及存在私下溝通串供疑慮、需要受到監督。

1. **控制環境：(內控制度基礎)**

    控制環境係金融控股公司及銀行業設計及執行內部控制制度之**基礎**。控制環境包括金融控股公司及銀行業之誠信與道德價值、董事會及監察人或審計委員會治理監督責任、組織結構、權責分派、人力資源政策、績效衡量及獎懲等。董事會與經理人應建立內部行為準則，包括訂定董事行為準則、員工行為準則等事項。

2. **風險評估：(目標確定與風險評估)**

    風險評估之先決條件為確立各項目標，並與金融控股公司及銀行業不同層級單位相連結，同時需考慮金融控股公司及銀行業**目標之適合性**。管理階層應考量金融控股公司及銀行業外部環境與商業模式改變之影響，以及可能發生之舞弊情事。其評估結果，可協助金融控股公司及銀行業及時設計、修正及執行必要之控制作業。

3. **控制作業：(風險控制)**

   係指金融控股公司及銀行業依據風險評估結果，採用適當政策與程序之行動，**將風險控制在可承受範圍之內。**控制作業之執行應包括金融控股公司及銀行業所有層級、業務流程內之各個階段、所有科技環境等範圍、對子公司之監督與管理、適當之職務分工，且管理階層及員工不應擔任責任相衝突之工作。

4. **資訊與溝通：(有效溝通)**

   係指金融控股公司及銀行業蒐集、產生及使用來自內部與外部之攸關、具品質之資訊，以支持內部控制其他組成要素之持續運作，並確保資訊在金融控股公司及銀行業內部與外部之間皆能進行有效溝通。內部控制制度須具備產生規劃、執行、監督等所需資訊及提供資訊需求者適時取得資訊之機制，並保有完整之財務、營運及遵循資訊。有效之內部控制制度應建立有效之溝通管道。

5. **監督作業：(監督)**

   係指金融控股公司及銀行業進行**持續性評估、個別評估或兩者併行**，以確定內部控制制度之各組成要素是否已經存在及持續運作。持續性評估係指不同層級營運過程中之<u>例行評估</u>；**個別評估**係由<u>內部稽核人員、監察人或審計委員會、董事會等其他人員進行評估</u>。對於所發現之內部控制制度缺失，應向適當層級之管理階層、董事會及監察人或審計委員會溝通，並及時改善。

小叮嚀：

1. 內部稽核制度包含周詳有效的內部稽核、並擁有受過訓練之適任人員獨立建置作業並進行持續性之監控；內部稽核在執行內部控制制度監控上，得直接陳報董事會。

2. 持續性評估係指不同層級營運過程中之**例行評估**(由全部職員進行)。

3. 稽核室應了解內部控制環境並應負責查核營業單位及管理單位。

   ● 內部稽核並非內部控制制度的依據

   ● 內部控制及風險管理要素的基礎為內部環境

   ● 個別評估係由內部稽核人員、監察人或審計委員會、董事會等其他人員進行評估(由特定職員進行)。

4. 依據銀行業內部控制及稽核制度實施辦法規定，銀行業內部控制制度應遵循以下要求，摘列如下：

   ● 應保有適切完整之財務、營運及遵循資訊

   ● 內部控制之目的在於促進健全經營

   ● 應由董事會、管理階層及從業人員共同遵循

   ● **管理階層應訂定適當之內部控制政策及監督其有效性與適切性**(管理階層指總經理及副總等高階主管；因此內部控制政策並非由董事會訂定)

圖 3-1 稽核人員名冊申報

附表一（公開發行公司建立內部控制制度處理準則第十八條規定格式）

股份有限公司內部稽核人員（職務代理人）名冊 （證券代號： ）

董事長： 稽核主管： 連絡電話： 行業別：

下列稽核人員均已符合主管機關所定之資格條件，其進修時數並已達主管機關規定之標準。

姓名	出生年月日	身分證字號	到公司任職年月	擔任稽核人員年月	符合適任條件者請於 0 及 123456 打 V（註一）							初任稽核人員		非初任稽核人員	所受訓練及時數（註二）	備註
					0	1	2	3	4	5	6	滿半年	未達半年			

註：一、符合內部稽核人員適任條件請於 0 及 123456 等欄位打「v」，不符合者不需打「v」。
　　0：不得有犯詐欺、背信、侵占罪，經受有期徒刑一年以上刑之宣告，服刑期滿尚未逾二年者，或曾服公務虧空款，經判決確定，服刑期滿尚未逾二年者。
　　1：擔任公開發行公司、證券或期貨相關機構之稽核人員滿二年以上者。

圖 3-2 稽核計畫申報表

年度稽核計畫（或實際執行情形）申報表

第 頁（共 頁）

編號	稽核項目	預定稽核期間	實際稽核起訖日期	稽核報告日期	稽核報告編號	內部控制缺失及異常事項	應行處理措施或改善計劃	備註

附註：1.申報年度稽核計畫時，填至「預定稽核期間」欄；其餘各欄俟申報實際執行情形時填寫。

第二節　銀行稽核與自行查核規範要點

一、內部稽核要點說明(一)

1. 內部稽核制度之目的：在於協助董事會及管理階層查核及評估內部控制制度是否有效運作，並適時提供改進建議，以合理確保內部控制制度得以持續有效實施及作為檢討修正內部控制制度之依據。

2. 金融控股公司及銀行業應設立隸屬董事會之內部稽核單位，以獨立超然之精神，執行稽核業務，並應至少每半年向董事會及監察人或審計委員會報告稽核業務。

3. 金融控股公司及銀行業應建立總稽核制,綜理稽核業務。總稽核應具備領導及有效督導稽核工作之能力，其資格應符合各業別負責人應具備資格條件規定，職位應等同於副總經理，且不得兼任與稽核工作有相互衝突或牽制之職務。

4. 總稽核之聘任、解聘或調職，應經審計委員會全體成員二分之一以上同意及提董事會全體董事三分之二以上之同意，並報請主管機關核准後為之。

5. 內部稽核應留意要點：
   ● 稽核單位應以超然獨立之精神，執行稽核業務。
   ● 總稽核不得兼任與稽核工作相互衝突或牽制之職務。
   ● 總稽核之職級為副總經理職級，而且隸屬於董事會(董事長)，**而非隸屬於總經理**。

6. 若銀行總稽核存有以下情況，主管機關得命令銀行業解除總稽核職務：
   - 辦理內部稽核工作出具不實稽核報告
   - 有事實證明總稽核曾從事不當授信案件
   - 發生重大舞弊案件未通報主管機關
   - 未依董事會指示辦理內部稽核工作

7. 若<u>未依總經理指示</u>辦理內部稽核工作，主管機關不得解除總稽核職務。

8. 對於涉嫌舞弊案件或重大偶發事件應於事件發現當日 (最遲不得逾次一營業日) 通告相關主管機關，**並應於一週內將案情概要及處理狀況函報。**對上述案件之**缺失應每三個月覆查一次**，直至改善為止；惟海外分支單位除主管機關另有規定外，得由稽核單位於年度查核時辦理。

小叮嚀：
- 總稽核應該每半年向董事會/審計委員會報告 1 次；1 年共 2 次。
- 聘任或解聘總稽核必須審計委員會(1/2 以上)同意及董事會(2/3)以上同意才可行。

9. 內部稽核單位之人事任用、免職、升遷、獎懲、輪調及考核等，應由<u>總稽核簽報</u>，報經董事長核定後辦理。但涉及其他管理、營業單位人事者，應事先洽商人事單位轉報總經理同意後，再行簽報董事長核定。

10. 金融控股公司總稽核得視業務需要，調動各子公司之內部稽核人員辦理金融控股公司及其子公司之內部稽核工作，並對確保金融控股公司及其子公司維持適當有效之內部稽核制度負最終之責任。

說明：

- ■ 稽核人事任用、免職、升遷、獎懲、輪調及考核等，應由總稽核簽報，報經董事長核定後辦理。
- ■ 總稽核得調動各子公司之稽核人員辦理稽核工作。

11. 總稽核之資格限制，不得有以下情況：

- ■ 違反授信規範。
- ■ 意圖自己或他人不法利益。
- ■ 洩密(例如：公開檢查報告部分內容) 。
- ■ 重大弊案未通報主管機關。
- ■ 重大疏失未於稽核報告揭露或未發現嚴重缺失。
- ■ 出具不實稽核報告。

12. 稽核人員之資格要求 1：

稽核人員需要同時符合以下任用資格要求

- ■ 2 年以上之金融檢查經驗或至少 2 年或 5 年金融業務經驗。
- ■ 無記過之處分。

- 領隊稽核人員應有 3 年以上之稽核或金融檢查經驗，或 1 年以上之稽核經驗及 5 年以上之金融業務經驗。
- 不得有隱飾或作不實、不當之揭露。
- 不得對外洩密或為己圖利。
- 對於以前曾服務之部門，不得於一年內進行稽核作業。
- 對於以前執行之業務或與自身有利害關係案件應予迴避。
- 不得直接或間接提供、承諾、要求或收受禮物、款待或其他利益。

13. 初次擔任稽核人員所需符合之訓練時數要求：
- 總稽核：**12** 小時+稽核經驗等要求
- 領隊稽核：**19** 小時+稽核經驗等要求
- 稽核專員：**60** 小時+學經歷證照等要求

14. 稽核人員之每年在職訓練時數要求：
- 總稽核、副總稽核：每年 **20** 小時
- 其餘稽核人員：每年 **_30_** 小時

小叮嚀：

內部稽核人員（含稽核室正副主管及總稽核）每年最低在職訓練時數：

- 正副主管及總稽核應達 20 小時以上
- 一般內部稽核人員應達 30 小時以上

● 依規範，稽核人員之人事任用、免職、升遷、輪調及考核等，應由總稽核簽報予董事長核定。

圖 3-3 稽核人員訓練要求

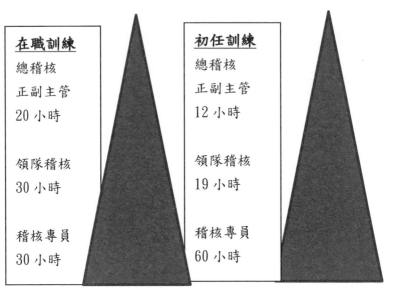

在職訓練
總稽核
正副主管
20 小時

領隊稽核
30 小時

稽核專員
30 小時

初任訓練
總稽核
正副主管
12 小時

領隊稽核
19 小時

稽核專員
60 小時

15. 金融控股公司及銀行業應依據投資規模、業務情況（分支機構之多寡及其業務量）、管理需要及其他相關法令規章之規定，配置適任及適當人數之專任內部稽核人員，以超然獨立、客觀公正之立場，執行其職務。內部稽核人員職務代理應由內部稽核部門人員互為代理。

16. 金融控股公司及銀行業應隨時檢查內部稽核人員有無違反資格經歷要求規定，如有違反規定者，應於發現之日起**二個月內**改善，若逾期未予改善，應立即調整其職務。

17. 金融控股公司及銀行業應隨時檢查內部稽核人員有無違法、收賄等違規情事，如有違反規定者，應於發現之日起**一個月內**調整其職務。

規範摘錄：

內部稽核人員執行業務應本誠實信用原則，並不得有下列情事：

- 明知所屬金融控股公司（含子公司）或銀行業之營運活動、報導及相關法令規章遵循情況有直接損害利害關係人之情事，而予以隱飾或作不實、不當之揭露。

- 逾越稽核職權範圍以外之行為或有其他不正當情事，對於所取得之資訊，對外洩漏或為己圖利或侵害所屬金融控股公司（含子公司）或銀行業之利益。

- 因職務上之廢弛，致有損及所屬金融控股公司（含子公司）或銀行業或利害關係人之權益等情事。

- 對於以前曾服務之部門，於一年內進行稽核作業。

- 對於以前執行之業務或與自身有利害關係案件未予迴避，而辦理該等案件或業務之稽核工作。

- 直接或間接提供、承諾、要求或收受所屬金融控股公司（含子公司）或銀行業從業人員或客戶不合理禮物、款待或其他任何形式之不正當利益。

● 未配合辦理主管機關指示查核事項或提供相關資料。

● 其他違反法令規章或經主管機關規定不得為之行為。

圖 3-4 稽核人員資格與名冊申報

_____ 內部稽核人員（職務代理人）名冊

董事長：　　　　稽核主管：　　　　　連絡電話：　　　　　（證券代號：_____）

下列稽核人員均已符合主管機關所定之資格條件，其進修時數並已達主管機關規定之標準：

姓 名	出 生 年 月 日	到公司任 職年 月	任本公司稽核 人 員 年 月	學 歷	主 要 經 歷	所 受 訓 練 及 時 數	備 註

18. 稽核室應辦理事項： 必考

● 編撰內部稽核工作手冊及工作底稿

● 督導自行查核內容與程序

● 擬訂年度稽核計畫

● 銀行業稽核室應將營業單位辦理信託業務、財富管理及金融商品銷售業務有無不當行銷、商品內容是否充分揭露、相關風險是否充分告知、契約是否公平及其他依法令或自律規範應負之義務之執行情形，併入對營業單位之一般查核或專案查核。

- 部門/分行已辦理一般查核或法遵事項自行評估；稽核室已辦理一般查核、檢查局已辦理一般業務檢查之月份，該部門/分行當月*免辦理*__專案查核__。

19. **商業銀行稽核室**辦理稽核事項之頻率：
    - **稽核室對於相關單位(營業、財務、資產保管及資訊單位)：每年 1 次一般查核、1 次專案查核。(國內單位每半年檢查 1 次)**
    - **稽核室對於作業中心及國外營業單位之查核：每年至少辦理 1 次一般查核。(國外單位每年檢查 1 次)**
    - 稽核室對於其他管理單位(人事、商品研發、企劃)每年至少應辦理一次專案查核。**(低風險單位每年專案檢查 1 次)**

20. 金控公司稽核室應辦理之檢查事項：
    - **稽核室每年至少辦理 1 次一般查核**
    - **稽核室每半年至少辦理 1 次專案查核**(財務、風險管理及法令遵循等相關項目)。

    說明：國內單位每半年檢查 1.5 次、每年檢查 3 次
    (2 專檢+1 一般)

21. 一般查核之範圍：各單位總務人事、財會投資、行銷業務通路、金融檢查、資訊、懲處、法遵、內控等各項作業。

22. 內部稽核報告、工作底稿及相關資料應至少保存 5 年。

23. 金融控股公司及銀行業管理單位或營業單位發生重大缺失或弊端時，內部稽核單位應有懲處建議權，並應於內部稽核報告中充分揭露對重大缺失應負責之失職人員。

小叮嚀：

金融控股公司及銀行業內部稽核人員<u>應具備下列條件</u>：

- 最近三年內應無記過以上之不良紀錄，但其因他人違規或違法所致之連帶處分，已功過相抵者，不在此限。
- 資格經歷要求：
  - ■ 具有二年以上之金融檢查經驗；或大專院校畢業、高等考試或相當於高等考試、**國際內部稽核師之考試及格並具有二年以上之金融業務經驗**
  - ■ 具有五年以上之金融業務經驗。曾任會計師事務所查帳員、電腦公司程式設計師或系統分析師等專業人員二年以上，經施以三個月以上之金融業務及管理訓練，視同符合規定，惟其員額不得逾稽核人員總員額之三分之一。
- 內部稽核人員充任領隊時，應有三年以上之稽核或金融檢查經驗，或一年以上之稽核經驗及五年以上之金融業務經驗。

二、內部稽核要點說明(二)

1. 採行風險導向內部稽核制度之核准須同時符合以下資格要求：
   - 風險資本比率符合銀行法規定

- 財務報表無備抵呆帳或備抵呆帳無提列不足
- 逾放比低於 1%
- 內控已無重大缺失

2. 首次擔任銀行國內營業單位之經理，應符合以下資格：

- 需具有業務及交易核准權限之主管資格要求：如通過銀行內控內稽考試。
- 半年內參與稽核查核實習 **4 次**
- 查核項目累計 4 項
- 撰寫查核實習心得呈報總稽核核可

3. 金融控股公司及銀行業總稽核應定期對子公司內部稽核作業之成效加以考核，經報告董事會考核結果後，將其結果送子公司董事會作為人事考評之依據。

4. 子公司之稽核作業：

- 金融控股公司及銀行業之子公司，應向母公司呈報董事會議紀錄、會計師查核報告、金融檢查機關檢查報告或其他有關資料。
- 已設置內部稽核單位之子公司，並應將稽核計畫、內部稽核報告所提重大缺失事項及改善辦理情形併同陳報，由母公司予以審核，並督導子公司改善辦理。
- 內部稽核單位：**應每半年對子公司之財務、風險管理及法令遵循辦理 1 次專案業務查核。**

5. 內部稽核人員發現重大弊端或疏失，並使所屬金融控股公司（含子公司）或銀行業免於重大損失，應予獎勵。

6. 金融控股公司及銀行業管理單位及營業單位發生重大缺失或弊端時，內部稽核單位應有懲處建議權，並應於內部稽核報告中充分揭露對重大缺失應負責之失職人員。

7. 稽核單位對於檢查局、會計師、稽核室、自行查核所提列檢查意見、缺失及內部控制制度聲明書所列應加強辦理改善事項，應持續追蹤覆查，並將改善情形，以書面提報董事會及監察人或審計委員會，並列為各單位獎懲及績效考核重要項目(KPI)。

8. 關於內部稽核人員基本資料之申報，應該在每年1月底前完成申報、應以網際網路系統申報、申報前應審查所申報稽核人員是否符合資格條件及訓練時數要求。

9. 金融控股公司及銀行業應隨時檢查內部稽核人員有無違反資格經歷要求規定，如有違反規定者，應於發現之日起二個月內改善，若逾期未予改善，應立即調整其職務。

10. 金融控股公司及銀行業應將內部稽核報告交付監察人或審計委員會查閱，除主管機關另有規定外，應於查核結束日起二個月內報主管機關，設有獨立董事者，應一併交付。

圖 3-5 稽核計畫、申報與改善計畫

_____年度稽核計畫(或實際執行情形)申報表

第　頁(共

編號	稽核項目	預定稽核期間	實際稽核起訖日期	稽核報告		內部控制缺失及其異常事項	應行處理措施或改善計劃	備註
				日　期	編　號			

附註：1. 申報年度稽核計畫時，填至「預定稽核期間」欄；其餘各欄俟申報實際執行情形時填寫。
　　　2. 稽核報告編號請依年度序號編訂。

董事長：　　　內部稽：　　　　執行稽：　　　稽核計畫董事會通過日期：　年　月　日
　　　　　　　核主管　　　　　核人員　　　(或執行情形填表日期：　年　月　日)
　　　　　　　　　　　　　　　(共　人)

第三節　法令遵循與自行查核規範要點

一、自行查核制度要點說明

1. 銀行辦理自行查核制度，應符合下列規範要求：
   - 辦理自行查核：需指定非原經辦人員辦理並事先保密。
   - 應由(自行查核)單位人員，相互查核非自己經辦之業務；不得查核自己經辦之業務。
   - 自行查核制度與稽核制度或簽證會計師查核制度，分屬不同之控制制度。
   - 自行查核負責人，需要擬定查核計畫、選定查核項目及範圍、查核日期。

2. 銀行自行查核之辦理頻率：

- 每半年(1 次一般查核)：一般查核需要全面查核每年 2 次。

- 每月 1 次專案查核：專案查核只需針對特定專案範圍，每月 1 次。

- **(必考)銀行每半年至少辦理一次一般自行查核，每月至少辦理一次專案自行查核。**

3. 自行查核底稿至少保存 5 年。

4. 自行查核負責人不需要針對自行查核執行情形進行考核或評鑑；自行查核之考核或評鑑應由稽核室評核。

5. 依據銀行業內部控制及稽核制度實施辦法規定，銀行分行或部門已辦理法令遵循事項自行評估之月份，該月得免辦理分行的專案自行查核。

二、法令遵循制度要點說明

1. 法令遵循主管之職責：
- 審核銀行新業務之合法性
- 建立金融法令資訊系統
- 統籌銀行法令遵循計畫之擬定與推動

2. 銀行的法遵主管除兼任法務主管外，不得兼任內部其他職務。法遵主管(Compliance officer)職位應等同副總經理。

3. 法遵部門應**隸屬於總經理**，並至少**每半年**向董事會及監察人或審計委員會報告 1 次(每年至少報告 2 次)。

4. 在職訓練時數要求：法令遵循部職員應每年至少參加 **15 小時**的新修訂法令、新種業務或新種金融商品訓練。

5. 法遵部門之職責：
   - 建立清楚適當之法令規章傳達、諮詢、協調與溝通系統。
   - 確認各項作業及管理規章均配合相關法規適時更新，使各項營運活動符合法令規定。
   - 於銀行業推出各項新商品、服務及向主管機關申請開辦新種業務前，法令遵循主管應出具符合法令及內部規範之意見並簽署負責。
   - 訂定法令遵循之評估內容與程序，及督導各單位定期自行評估執行情形，並對各單位法令遵循自行評估作業成效加以考核。
   - 對各單位人員施以適當合宜之法規訓練。

6. **各部門或各分行對於法令遵循自行評估作業**，應該每半年至少辦理 1 次。

7. 法令遵循主管不需定期向總稽核呈報，**法令遵循主管之直屬呈報對象為總經理**。

第四節　會計師查核、公司治理與風險管理規範要點

一、內控聲明書與會計師查核

1. 內控聲明書：銀行業總經理應督導各單位評估與檢討：由董事長、總經理、總稽核、法遵主管聯名出具內控聲明書，並提報董事會通過，在會計年度終了後 3 個月內(一季內)公告。

2. 內部控制制度聲明書應依規定刊登於年報、股票公開發行說明書及公開說明書。

3. 會計師審查內控聲明書時，若發現有以下情形，應立即通報主管機關(金管會)：

   ● 財務狀況顯著惡化。

   ● 會計記錄存有虛偽造假或缺漏，情節重大。

   ● 無法提供或拒絕提供報表、憑證、帳冊及記錄。

4. 會計師對銀行業之查核

   ● 銀行業年度財務報表由會計師辦理查核簽證時，應委託會計師辦理內部控制制度之查核，並對銀行業申報主管機關表報資料正確性、內部控制制度及法令遵循制度執行情形、備抵呆帳提列政策之妥適性表示意見。

   ● 會計師之查核費用由銀行業與會計師自行議定，並由銀行業負擔會計師之查核費用。

5. 會計師辦理查核時，若遇受查銀行業有下列情況應立即通報主管機關：

- 未提供會計師所需要之報表、憑證、帳冊及會議紀錄或對會計師之詢問事項拒絕提出說明。
- 在會計或其他紀錄有虛偽、造假或缺漏,情節重大者。
- 資產不足以抵償負債或財務狀況顯著惡化。
- 有證據顯示交易對淨資產有重大減損之虞。

6. 會計師受查銀行業發現銀行業者存有虛偽、造假或缺漏,情節重大情事、財務惡化或重大減損等情事,<u>會計師並應就查核結果先行向主管機關提出摘要報告</u>。

7. 銀行應該至少每隔 1 年,著手評估其所聘任之會計師的獨立性,以避免會計師不適任或有角色衝突等各項問題。

8. 會計師審查時,發現職員挪用客戶存款金額情形,不須立即通報主管機關。

圖 3-6 內部控制聲明書範例

○○股份有限公司
內部控制制度聲明書

日期： 年 月 日

本公司民國○○年度之內部控制制度，依據自行評估的結果，謹聲明如下：

一、本公司確知建立、實施和維護內部控制制度係本公司董事會及經理人之責任，本公司業已建立此一制度。其目的係在對營運之效果及效率(含獲利、績效及保障資產安全等)、報導具可靠性、及時性、透明性及符合相關規範暨相關法令規章之遵循等目標的達成，提供合理的確保。

二、內部控制制度有其先天限制，不論設計如何完善，有效之內部控制制度亦僅能對上述三項目標之達成提供合理的確保；而且，由於環境、情況之改變，內部控制制度之有效性可能隨之改變。惟本公司之內部控制制度設有自我監督之機制，缺失一經辨認，本公司即採取更正之行動。

三、本公司係依據「公開發行公司建立內部控制制度處理準則」(以下簡稱「處理準則」)規定之內部控制制度有效性之判斷項目，判斷內部控制制度之設計及執行是否有效。該「處理準則」所採用之內部控制制度判斷項目，係為依管理控制之過程，將內部控制制度劃分為五個組成要素：1.控制環境，2.風險評估，3.控制作業，4.資訊與溝通，及5.監督作業。每個組成要素又包括若干項目。前述項目請參見「處理準則」之規定。

四、本公司業已採用上述內部控制制度判斷項目，評估內部控制制度之設計及執行的有效性。

五、本公司基於前項評估結果，認為本公司於民國○○年○○月○○日[2]的內部控制制度(含對子公司之監督與管理)，包括瞭解營運之效果及效率目標達成之程度、報導係屬可靠、及時、透明及符合相關規範暨相關法令規章之遵循有關的內部控制制度等之設計及執行係屬有效，其能合理確保上述目標之達成。

六、本聲明書將成為本公司年報及公開說明書之主要內容，並對外公開。上述公開之內容如有虛偽、隱匿等不法情事，將涉及證券交易法第二十條、第三十二條、第一百七十一條及第一百七十四條等之法律責任。

七、本聲明書業經本公司民國○○年○○月○○日董事會通過，出席董事○人中，有○人持反對意見，餘均同意本聲明書之內容，併此聲明。

○○股份有限公司

董事長： 簽章

總經理： 簽章

圖 3-7 會計師審查報告--內部控制範例

內部控制制度審查報告

後附○○股份有限公司民國○○年○○月○○日謂經評估認為其與外部財務報導及保障資產安全有關之內部控制制度,於民國○○年○○月○○日[1]係有效設計及執行之聲明書,業經本會計師審查竣事。維持有效之內部控制制度及評估其有效性係公司管理階層之責任,本會計師之責任則為根據審查結果對公司內部控制制度之有效性及上開公司之內部控制制度聲明書表示意見。

本會計師係依照「公開發行公司建立內部控制制度處理準則」及一般公認審計準則規劃並執行之審查工作,以合理確信公司上述內部控制制度是否在所有重大方面維持有效性。此項審查工作包括瞭解公司內部控制制度、評估管理階層評估整體內部控制制度有效性之過程、測試及評估內部控制制度設計及執行之有效性,以及本會計師認為必要之其他審查程序。本會計師相信此項審查工作可對所表示之意見提供合理之依據。

任何內部控制制度均有其先天上之限制,故○○股份有限公司上述內部控制制度仍可能未能預防或偵測出業已發生之錯誤或舞弊。此外,未來之環境可能變遷,遵循內部控制制度之程度亦可能降低,故在本期有效之內部控制制度,並不表示在未來亦必有效。

依本會計師意見,依照「公開發行公司建立內部控制制度處理準則」之內部控制有效性判斷項目判斷,○○股份有限公司與外部財務報導及保障資產安全有關之內部控制制度,於民國○○年○○月○○日[1]之設計及執行,在所有重大方面可維持有效性;○○股份有限公司於民國○○年○○月○○日所出具謂經評估認為其上述與外部財務報導及保障資產安全有關之內部控制制度係有效設計及執行之聲明書,在所有重大方面則屬允當。

　　　　　　○○會計師事務所
　　　　　　會計師 ○○○(簽名及蓋章)
　　　　　　會計師 ○○○(簽名及蓋章)
　　　　　　中華民國○○年○○月○○日

二、銀行業公司治理實務要點說明

1. 依據銀行業公司治理實務守則規定，有關董事會之敘述，應遵循以下原則：

   ● **董事會**應確認風險管理之有效性

   ● **董事會**應負風險管理最終責任

   ● 專責**風險管理部門**(單位)若發現重大曝險，應向董事會報告

2. 依據銀行業公司治理實務守則規定，假若王先生擔任銀行的監察人，則王先生的孫子女與配偶等關係人，不得再擔任銀行的董事。但王先生的姪女、兄弟姊妹之配偶或配偶之兄弟姊妹等關係人，則不受限制。

3. 依據銀行業公司治理實務守則規定，監察人行使職權須符合以下要求：

   ● 獨立行使職權

   ● 應秉持高度的自律

   ● 監察人報酬應於章程明訂或經股東會議定：酬金獎勵亦得以股權方式支付。

4. 銀行董事會議事錄應永久妥善保存。

5. 銀行監察人分別行使監察權時，相關部門不得要求監察人需要採取一致性檢查動作、亦不得拒絕提供。

6. 金控及銀行應設置獨立的風險控管單位，並定期向董事會報告。

7. 若發現重大曝險，風險控管單位應立即採取適當措施並向董事會報告。

8. 金控及銀行業應確保金融檢查報告之機密性。

9. 稽核人員及法遵主管，對於重大內控缺失或違法事項所提改進建議，應立即向獨立董事、監察人或審計委員會報告，同時通報主管機關。

10. 銀行對於重大偶發事件，應該在 1 週內將詳細資料或後續處理情形函報主管機關。

11. 銀行的年度財務報表由會計師辦理查核簽證時，應該委託會計師辦理內部控制制度的查核，並對於銀行申報給主管機關的表報資料正確性、內控制度、法遵制度、備抵呆帳提列政策之妥適性等項目提出意見。

小叮嚀：

1. 依據國際清算銀行巴賽爾監理委員會所訂定之內部控制制度評估原則，**高階管理階層**之職責包含以下：
   - 執行董事會核准之營運策略及政策
   - 研訂作業程序以辨識、衡量、監督及控管風險
   - 確保授權辦法得以有效執行
   - 作業流程及作業手冊之校訂不屬於高階管理階層之職責

2. 銀行受理匯款業務，不須至內政部戶政役政資料庫或聯徵中心查詢身分證請領紀錄。

三、銀行風險管理制度要點說明

1. 金控及銀行應設置獨立的風險控管單位，並定期向董事會報告。未要求銀行設置專屬於董事會之風險控管單位，業者多於董事會下設風險管理委員會方式，風險管理部門並非直屬董事會。

2. 若發現重大曝險，風險控管單位應立即採取適當措施並向董事會報告。

3. 專責風險控管單位應定期向董事會提出風險控管報告，若發現重大曝險，危及財務或業務狀況或法令遵循者，應立即採取適當措施並向董事會報告。

4. 銀行之高階管理階層應負責執行董事會核定之經營策略與政策、發展足以辨識、衡量、監督及控制銀行風險之程序，並訂定適當之內部控制政策及監督其有效性及適切性。

5. 銀行業風險：市場風險、信用風險、利率風險、作業風險、流動性風險、法令風險、其他風險等。

考試要點叮嚀：

1. 金融控股公司及銀行業應確保金融檢查報告之機密性。

2. 內部稽核人員及法令遵循主管，對內部控制重大缺失或違法違規情事所提改進建議不為管理階層採納，將肇致重大損失者，均應立即作成報告陳核，並通知獨立董事及監察人或審計委員會，同時通報主管機關。

3. 依據巴賽爾銀行監理委員會內部控制制度評估原則，**應由高階管理階層負責內部控制制度之執行**，而非董事長、董事會、稽核委員會或稽核室。

4. 主管機關對於銀行內部稽核之考核：至少每 2 年 1 次~由主管機關成立考核審查小組考核。

5. 稽核管理範圍：包含對於子公司督導、缺失追蹤及通報機制。

6. 銀行辦理內控內稽，應遵循以下規則：
   ● 應指派高階主管(副總層級)擔任法令遵循主管
   ● 應指派總稽核(副總層級)擔任稽核部門主管
   ● 總稽核應該定期考核子公司內部稽核作業成效
   ● 風險控管單位應獨立於業務部門之外

7. 銀行辦理自行查核應遵循以下規範：
   ● 自行查核日期應事先保密
   ● 查核人員應該本著超然獨立之態度進行查核
   ● 查核人員對於查核報告意見之真實性負責
   ● 應將查核結果及缺失做成自行查核報告
   ● 若發現有違法舞弊情事不需當面訓誡(訓誡並非查

核人員職責)

8. 會計年度終了之前，應該由董事長、總經理、總稽核與法遵主管出具內部控制聲明書。

9. 內部稽核職能可升級以下：

- 從例行查核延伸為諮詢服務。

- 由法規導向稽核轉為風險導向稽核。

- 加強銀行內職員與資訊之交流。

- 內部稽核職能不包含：保證銀行獲利穩定成長、保證銀行永續經營。

10. 為確保內部稽核之品質與有效性，銀行業實施風險導向內部稽核制度，應具備明確之內部控制三道防線架構，並建立以下機制：

- 內部稽核風險評估之程序與方法。

- 內部稽核品質評核機制。

小叮嚀～～風險管理充電站[2]：

一、風險管理政策的訂定

1. 訂定風險管理政策時，應考量企業文化、經營環境、風險管理能力及相關法規，並應經董事會核定後實施。

2. 風險管理政策內容應涵蓋以下項目：

(1)風險管理策略及風險管理目標。

(2)風險管理組織與職責。

---

[2]摘錄或參閱銀行公會網站，銀行風險管理實務守則及廖勇誠，人身風險管理概要與考題解析

(3)主要風險種類。

(4)風險胃納。

(5)風險評估、回應與監控。

(6)文件化之規範。

二、金融保險業風險管理的趨勢

市場競爭激烈、風險層出不窮,為因應風險,金融保險業者、主管機關與相關企業無不落實風險管理。此外,監理機關也將風險管理納入金融保險相關法規內,要求金融保險業建立完整的風險管理制度並定期實施金融保險業務檢查。

此外金融保險業風險管理已轉為整合性風險管理並成立專責風險管理主管與風險管理部門之制度,走向專業專職化、全面化、多元化與系統化的風險管理制度。摘列說明如下:

1.主管機關將風險管理納入監理相關法規內,並定期實施業務查核。

2.企業風險管理已走向整合性風險管理趨勢:風險管理走向全面化、多元化與系統化的風險管理制度,並結合公司策略與營運、資訊與行銷等各項業務。金融保險業風險管理制度涵蓋公司治理、內部控制、稽核、自行查核、法令遵循、會計師查核、風險控管與分層負責等制度。

3.風險管理走向專職化:金融保險業普遍設有風控長 CRO 與風險管理部門。

4.金融保險風險管理已成關鍵因素:金融海嘯後,突顯金融保險風險管理的重要性與衝擊性,金融保險風險管理、財務風險管理與資產負債管理更形重要。

5.資訊科技風險管理更形重要：網路科技發達與產業市場競爭激烈，尤其資訊科技風險事件，對於企業之衝擊更高更廣，使得資訊科技風險管理更形重要。

三、風險管理制度的關鍵成功因素探討

　　如何成功落實風險管理制度，可分項列述如下：

1.設立專職風險管理組織與專業人員：設立風險管理委員會、風控長、風險管理經理與專業風險管理職員。透過全公司各層級與跨部門間之分工合作，協力推動風險管理制度。

2.全面納入風險管理：金融保險業風險管理制度涵蓋公司治理、內部控制、稽核、自行查核、法令遵循、會計師查核、風險控管與分層負責等制度

3.實施定期風險分級呈報通報制度。

4.實施風險限額管理與額外風險管理。

5.落實風險調整後績效管理制度。

6.明確將風險管理機制納入作業流程與系統內。

7.建置完善風險管理資訊系統，以提供即時與 E 化的風險管理資訊。

考題摘錄：

1. 下列哪一項目並非屬於內部控制制度之主要範圍？（複選題）

   A.職務代理制度

   B.職務輪調制度

   C.休假制度

   D.員工旅遊

   E.福利制度

   F.分層負責制度

   G.建立海外分行與總行的通報系統

   H.保密防諜

   I. 噓寒問暖

● 解答：D，E，H，I

2. 內部控制制度聲明書應由哪些人員聯合出具，並揭露於網站並辦理公告申報？

   A. 董事長、總經理、監察人、總稽核

   B. 董事長、總經理、監察人、總稽核、法令遵循主管

   C. 董事長、總經理、總稽核、法令遵循主管

   D. 董事長、監察人、總稽核、法令遵循主管

● 解答：C

3. 依據規範，銀行對於法令遵循作業之自行查核頻率有何規定？

A.每月 1 次

B.每季 1 次

C.每半年 1 次

D.每年 1 次

● 解答：C

4. 依據金融控股公司法所訂定之罰鍰規範，若銀行逾期未繳納罰款時，自逾期日起，每天加收多少滯納金？

A. 2%

B. 3%

C. 4%

D. 1%

● 解答：D

5. 銀行新聘用之分行經理，應參與稽核部室的查核實習，而且查核項目至少須達幾項？

A. 5 項

B. 10 項

C. 4 項

D. 2 項

● 解答：C

6.依規範，銀行對於重大偶發事件，應在多久之期限內將詳
　細資料或後續處理情形函報銀行局？
　A. 1 個月
　B. 2 個月
　C. 10 天內
　D. 1 週內
　E. 20 天內

● 解答：D

7.關於稽核人員基本資料之申報作業，下列敘述何者正確？
　(複選題)
　A. 每年 1 月底前申報
　B. 應透過網際網路系統申報
　C. 人員資格條件若有違反規定，應於 2 個月內改善
　D. 申報前應檢查稽核人員資格條件是否符合規定

● 解答：A，B，C，D

第四章 存款櫃檯及安全控管業務要點

第一節 存款及櫃檯業務內控要點

第二節 銀行安全控管業務要點

✧ 存款開戶或領現時，有哪些注意事項？

✧ 空白單據如何管理？

✧ 作業委外如何管理？

✧ 何謂銀行保全的三道防線？

第四章 存款櫃檯及安全控管業務要點

第一節 存款及櫃檯業務內控要點

一、銀行存款種類及基本概念

1. 活期存款：存款人憑存摺或依約定方式，**隨時提取**之存款。

2. 定期存款或定期儲蓄存款：**有一定時期之限制**，存款人憑存單或依約定方式提取之存款。定期存款到期前不得提取。但存款人得以之質借，或於七日以前通知銀行中途解約。

3. 綜合存款：結合活期存款、定期存款及擔保放款之綜合性存款商品。

二、銀行存款櫃檯內控要點

1. 開戶時，銀行為確認客戶之身分，可以透過內政部查詢確認。

2. 銀行辦理客戶存款開戶，錄影機所攝錄之影像檔案，應該**至少保存 6 個月**。

3. 銀行發現客戶偽造身分證辦理存款開戶，應立即報警並通知聯徵中心。

4. 針對活期存款依約定提取時，金融機構依約定轉入帳款後，應寄發對帳單予客戶。

5. 銀行針對存戶未能及時領回存摺，**應立即設簿登記**，並應儘速發函通知或以電話通知客戶前來領取，並應指定主管人員集中保管，不得隨意交由經辦人員保管。

6. 金融卡控管：

- 收到已製妥的金融卡及密碼單，應指定專人分別登記保管；尚未發出者應該數量相符。
- 留置之金融卡應逐卡登記於留置金融卡登記簿。
- 金融卡非約定帳戶轉帳，單日限額為 3 萬元。

7. 開戶之存款管理：

- 實施印鑑卡管理。
- 存款餘額證明書之核發：當日之證明，須於申請日之隔日核發。

8. 銀行的牌告利率應該全部為單一利率。

9. 銀行對於未成年人存款之管理與通報：

- 若一次存入金額或同一年度累計存入總額超過 400 萬台幣，應將資料通報當地國稅局。
- 檢警調機關向銀行調閱客戶相關資料時，銀行應該在收到通知後 1 周內提供。

10. 為落實法令遵循，總公司、分公司與分行(總分支機構)應建立資訊溝通管道。

11. 依據辦理電子銀行業務安全控管作業基準，非約定轉帳之每人每次限額為 5 萬元。

12. 網際網路銀行之非約定轉帳交易控管，以每戶每筆不超過 5 萬元、每天累積不超過 10 萬元、每月累積不超過 20 萬元為限。

13. 金融機構對於存戶未能及時領回存摺時，應該設立登記簿管理、並交由指定主管保管存摺並納入內稽內控，並

定期查核所記載日期、收付金額與餘額是否與電腦檔案相符。

14. 銀行櫃員結帳後發現現金有溢餘時,可先行以**其他應付款科目**列帳,再積極查明原因以備日後確認或追查處理。但不得針對溢餘現金交由櫃員收存保管,也並非以暫付款或其他預收款科目列帳。

15. 定期儲蓄存款逾期轉存未滿一年之定期存款,最慢應於逾期一個月內,從原到期日開始計算利息。定期儲蓄存款逾期續存(定期儲蓄存款)或轉存超過一年之定期存款,可在逾期二個月內,從原到期日開始計算利息。

16. 關於可轉讓定期存單逾期提取,除到期日非為銀行營業日或發生不可抗力天災無法營業時須補計利息外,原則上到期日後不予計息。

17. 銀行接獲法院之扣押命令,如扣押之存款金額不足時,最慢應於十日內以訴狀或公文向法院聲明異議。

18. 郵局存入銀行之存款,屬於同業存款。

19. 銀行警示帳戶內之剩餘款項,應逐案清查建檔並交由稽核室列管並每季追蹤。

20. 客戶持兌偽造外國幣券而且金額未達中央銀行規範之金額標準,銀行職員應將外國幣券退還客戶處理。

21. 在台灣並無固定住所的外國人,若開立台幣存款帳戶,應該符合以下規範:

- 個人應憑合法入境簽證之外國護照或華僑身分證明書親自辦理。
- 外國法人應由在台代表人或代理人親自辦理。

- 並未限制開設存款帳戶的金融機構數量或戶數限制。
- 各銀行並非每季函報中央銀行相關資料。

22. 外匯存款可以辦理活存、定存；但不可辦理支票存款。

23. 外匯指定銀行至少應揭露五種貨幣的存款利率，至少包含：美元、日幣、歐元、英鎊、瑞士法郎等。但不須揭露港幣、紐幣及加幣。

24. 關於銀行業務之敘述，應留意以下要點：
- 非外匯指定銀行僅能代收件，不得直接辦理外匯業務。
- 本國銀行非經許可，不得在海外開立新台幣帳戶。
- 外國人(非居民)可以在境內開立台幣存款帳戶。
- 本國銀行不得對外國人辦理台幣貸放款(監理原則：只存不借)。

小叮嚀：

- 外匯指定銀行至少應揭露五種貨幣的存款利率，不包含紐幣、人民幣、澳幣。
- 為加強銀行網路交易安全，防範歹徒盜領存款，可採取以下作業：
  - 確認客戶身分後才可交付密碼單；而且電子憑證或電子錢包皆須確認本人身分。
  - 所附光碟或磁片，需要標明用途。

● 關於存款印鑑卡管理作業，應遵循以下原則：
  ■ 印鑑卡應經存戶親簽，並經各級人員核章後啟用。
  ■ 印鑑不得有塗改重蓋。
  ■ 印鑑卡應填寫啟用日期。
  ■ 兩人以上聯名開戶，需經兩人同時親簽或蓋章。
  ■ 未包含確認比對客戶之存取款密碼是否相符(因為反而易造成監守自盜)。
  ■ 建立完善的密碼代為保管機制，避免客戶密碼被竊～～不正確，因為密碼由客戶自行保管，不可交由行員或理專保管。

● 如有金融卡遭 ATM 扣住情形，應立即通知所屬銀行；而非立即報警或通報檢調處理。

三、存款利息所得稅相關
  1. 利息所得稅：個人(國民)：扣繳 10%；個人(外國人)：扣繳 20%。
  2. 對於國民個人之每次扣繳稅額若小於 2,000 元，則不需扣繳利息所得稅。
  3. 代扣繳境外居民之個人利息所得稅之稅率為利息給付總額之 20%。
  4. 代扣繳利息所得稅稅率：大陸民眾一年內居留滿 183 天，扣繳 10%；否則應扣繳 20%。
  5. 銀行代為扣繳外國個人存款戶的利息所得稅款，應在代扣日起 **10 日內**將稅款解繳國庫。

小叮嚀：

大陸民眾一年內居留滿 183 天(超過半年)，就得比照國民適用 10%稅率。

四、票據相關種類簡介

1. 支票存款：依約定憑存款人簽發支票或利用自動化設備委託支付隨時提取不計利息之存款。

2. 商業票據(匯票或本票)：依國內外商品交易或勞務提供而產生之匯票或本票。

3. 商業承兌匯票：以出售商品或提供勞務之相對人為付款人而經其承兌之匯票。

4. 銀行承兌匯票：相對人委託銀行為付款人而經其承兌之匯票。另外，出售商品或提供勞務之人，依交易憑證於交易價款內簽發匯票，委託銀行為付款人而由銀行承兌之匯票也屬於銀行承兌匯票。

5. 票據貼現：銀行對遠期匯票或本票，以折扣方式預收利息而購入者。

6. 開立支票存款時，應符合以下規範要求：

   ● 對於公司行號之支票存款開戶，銀行應該進行實地查證或查核。

   ● 曾被拒絕往來、尚未解除者，不得申請開戶。

   ● 政府單位、學校、公營機構申請開立支票存款戶，應檢具正式公文。

   ● 即使限制行為能力人經過法定代理人同意後，亦不

得任意開立支票存款。

五、票據相關內控要點

1. 待交換票據：次日入帳之待交換票據，應依照規定製作會計科目：
    ➢ 借：待交換票據
    ➢ 貸：其他應付款

2. 銀行收妥的待交換票據金額，應該存入提示人帳戶。

3. 關於空白票據的領用及核發，應經常作不定期盤點，並作成紀錄。

4. 銀行空白單據包含空白支票、空白存摺及領款號碼牌，但不包含空白取款憑條。

5. 託收票據應加蓋銀行特別橫線章。託收票據如果在遞送途中遺失，應該通知委託人並立即向付款行辦理掛失止付手續。

6. 票據，無論支票、本票與匯票，皆可辦理掛失止付。但保付支票無法辦理掛失止付。

7. 針對提回之交換票據，應指定專人覆核並由交換員在票據上加蓋提回交換章、金額若有誤差，得以其他應收款或其他應付款科目列帳，次營業日再行沖正；但不得在票據上加蓋特別橫線章。

8. 盤點託收票據數量及金額，除核對明細表以外，應該與日記表中的應收代收款(受託代收款)相符。

9. 依規定票據遺失時，權利人應執行止付通知，並應該在提出止付通知後 5 日內，向付款人提出已聲請公示催告

之證明。

10. 退票時，應請客戶填具領回票據申請書並加蓋原留印鑑。

11. 拒絕往來戶申請撤銷付款委託，銀行職員應不予受理。

12. 票據持有人(持票人)對於前手之追索權規範如下：

- 匯票/本票：12 個月
- 支票：4 個月
- 匯票之請求權時效期間為支票的 3 倍

小叮嚀：

- 銀行對於無抬頭支票，應予以嚴格限制及控管。
- 為防止內部人員舞弊，銀行經營票券業務時，應符合以下要求：
  - ◇ 公司保證章及簽證鋼印(鋼戳)應妥善保管，並且應足以防止有心人士未經授權使用。
  - ◇ 對於非指名支票付款(無抬頭支票付款)，應嚴加控管及限制。
  - ◇ 營業時間內空白商業本票應交由各經辦人員妥善保管。(但營業時間外，各經辦人員不得自行保管空白商業本票)。
- 為確保客戶資料之安全，依規定應該符合以下規範：
  - ➢ 應檢視客戶資料之內部安全程序是否健全。
  - ➢ 應有效落實自行查核。
  - ➢ 應全面檢視全行客戶資料之落實情形。

> ➢ <u>稽核室應加強客戶資料之稽查。</u>
> ➢ 可加強客戶資料外洩的風險管理。
> ➢ 金融機構對於客戶交易資訊應該落實安全管制措施，以免違背個人資料保護法規範。
> ➢ 警察機關因偵辦刑事案件需要，可以直接行文金融機構查詢客戶存放款資料，無須通報金管會或財政部。

六、信用狀相關內控要點

1. 信用狀：銀行<u>受客戶之委任</u>，通知並授權指定受益人，在其履行約定條件後，得依照一定款式，<u>開發一定金額以內之匯票或其他憑證</u>，由該行或其指定之代理銀行負責承兌或付款之文書。

2. 辦理國內信用狀融資，應該依據信用狀受益人為<u>授信戶</u>徵信報告表填載之進貨廠商。

3. 開狀銀行(開立信用狀銀行)接獲信用狀辦理拒付，應遵循以下規範：

   ● 拒付的通知書應明確表明拒付之意旨、敘明單據的一切瑕疵。

   ● 單據正本應留後處置或退還提示人。

   ● 得徵提進口商意見，確認是否拋棄瑕疵的主張。

4. 有關金融機構辦理國內信用狀融資業務之作業規範，銀行應符合以下規範：

   ● 需評估融資的必要性

   ● 需確認具有實質交易行為

- 需核實計算借款戶所需之額度
- 得以借款戶之關係企業為受益人

小叮嚀:

1. 債票形式的本票最高發行面額為 1 億元。
2. 資產管理公司並非金融機構出售不良債權應注意事項所訂定之金融機構範圍;而是承接不良債權之相對人。

七、作業委託他人之內控

1. 關於金融機構作業委託他人處理內部作業制度及程序辦法規範要點如下:

- 金融機構涵蓋銀行及票券金融公司等。
- 受託機構不得以金融機構名義辦理受託事務。
- 金融機構對於消費性貸款業務,其**授信審核之准駁**不得委外處理。
- 金融機構的內部稽核作業,不得委託財務簽證會計師辦理。
- 若發現客戶以偽造身分證開立第二存款帳戶時,應立即向聯徵中心(財團法人金融聯合徵信中心)通報,以利轉知各金融機構注意。
- 銀行委外辦理業務時,為取得債務人的聯繫資訊,受託人應表明身分及目的。

2. 銀行可以將那些作業委託他人處理:

- 汽車貸款逾期繳款之尋車及汽車拍賣事宜

- 鑑價作業
- 呆帳(債權)催收作業
- 委外印製及設計禮贈品
- 委外印製及設計 DM
- 信用卡帳單之繳費金額在 2 萬元以下，才能透過超商(便利商品)繳費。因此信用卡繳款金額超過 2 萬元，則僅能採取臨櫃繳款、匯款或其他繳費方式。
- <u>客戶存款帳戶之身分確認及簽名核對作業</u>不得委外
- <u>授信審核之准駁不得委外</u>

八、洗錢防制通報與同業詐騙通報

1. 依據金融機構對達一定金額以上通貨交易及疑似洗錢交易申報辦法規定，以下情況應依規範通報：
   - ➢ 台幣 50 萬以上的單筆現金收款。
   - ➢ 台幣 50 萬以上的單筆現金付款。
   - ➢ 台幣 50 萬以上的單筆現金換鈔交易。
   - ➢ **不需通報情形：**諸如台幣 50 萬以上的單筆(約定)轉帳交易。

2. 單筆現金收付或兌換現鈔金額超過台幣 50 萬以上，必須確實核對客戶身分並依規定登記並於 5 個營業日內向法務部調查局申報。

3. 依照金融同業間遭歹徒詐騙案件通報要點規定，非金融聯徵中心會員之金融機構，以書面方式通報詐騙案件時，應該遵循以下規定：

- 總公司應將聯絡單位名稱及人員等資料以書面通知聯徵中心。

- 聯徵中心應指定人員負責通報業務。

- 無論是否得逞，應立即依通報系統進行通報；但不須通報予其他機構，諸如經濟犯罪防制中心。

4. 詐騙案件包含以下項目：

- 偽造變造票據。

- 偽造變造金融卡(信用卡、現金卡、IC卡)。

- 盜領存款。

- 授信詐騙及外匯詐騙。

- 其他。

重要概念：

➢ <u>存款擠兌事件並非詐騙事件喔！</u>

➢ <u>定存中途解約，依照實際存款期間利息(單利)打八折計息，而且需要全部一次解約。</u>

第二節 銀行安全控管業務要點

一、分行出納與金庫控管要點

1. 出納業務之範圍：

- 現金及票據收付與保管

- 有價證券保管

- 票據交換事項

- 調撥資金
- 幣券及破損票券之兌換
- 其他

2. 查核現金時：
- 優先盤點大鈔、再查核小鈔
- 先盤點大數(捆紮)、再點零散

3. 金庫鑰匙及密碼之掌管：應分別由出納及指定人員保管，以符合互相牽制原則。

4. 經管密碼人員異動或職務代理結束時，應即時更換密碼。

5. 備份密碼及鑰匙須分別保管，並由主管人員會同密封。

6. 進出金庫須設簿登記。

7. 內外金庫應 24 小時全程錄影監控，資料至少保存 2 個月。

8. 銀行 ATM 及 ATM 附近錄影機所攝錄之影像檔案，應該至少保存 6 個月。(同開戶櫃台至少保存 6 個月)

9. 傳票、文具用品或授信檔案，不得放置於金庫內，而應放置於倉庫內或其他儲存空間。

10. 櫃員於營業時間中暫時離開座位，應在端末機簽退、並將現金上鎖並妥善保管各種章戳。

11. 出納人員不得兼辦放款或會計等業務。

12. 通匯密碼有關資料應由銀行的會計主管保管。

13. 庫存現金入庫後應該由主管或指定人員複點(再次盤點確認)，平時應不定期每周盤點 1 次，並做成檢查紀錄。

14. 銀行櫃員結帳後發現現金短少時，應依循以下要點辦

理：

- 立即報告主管人員。
- 當天以其他應收款科目列帳。
- 持續追查原因。

15. 銀行櫃員與櫃員主任(出納主管)之間的現金調撥，應該填寫內部領款或繳款憑單，並同時由櫃員與櫃員主任(出納主管)簽章。

16. 銀行派員赴證券公司辦理款項收付，應符合以下要點：

- 必須限制為已加入或即將加入財金資訊公司跨行通匯系統的銀行。
- 收付款項須以活期存款為限。
- 所收存款至少 50%，運用於提存存款準備金及中央銀行流動準備項目。
- 金融機構派員到證券商辦理收付款項業務，應向主管機關提出申請，申請書件自送達次日起 10 日內，主管機關未表示反對者，視同已核准。

說明：採取申報生效制(申請後，時間屆滿就生效)

小叮嚀：

1. 空白單據：包括支票、本票、匯票、存單、存摺、金融卡、信用卡等。
2. 空白單據之控管：

- 應設立登記簿控管。
- 領用時須經主管人員核章。

- 數量、號碼與登記簿相符。
- 應不定期盤點並做成紀錄。

3. 墊付國內外應收款項：指銀行就借款人因國內外商品或服務取得之債權先行墊付，待借款人收回該項債權時再償還之融通方式。

4. 以下事項符合內部控制原則：

- 定期盤點庫存票券
- 作廢之成交單皆予保留並定期銷毀
- 空白票券印妥後應放置於金庫內管理
- 前台交易員不得兼任後台交割人員，否則易生弊端

5. 現金運送須投保足額現金運用保險。

二、安全維護措施

1. 有關金融機構對於 ATM 安全維護管理，應遵循以下規定：

- 涉及民刑事案件或交易糾紛，在案件未終結之前，應持續保存錄影資料
- 需張貼不需刷卡入內告示
- 對 ATM 及周遭錄影帶應保存 6 個月
- 應裝設專線電話 24 小時受理金融卡申訴事宜
- 需建立 ATM 巡查制度(不能只在營業日定時巡查)

2. 銀行如何教導民眾，以利民眾使用 ATM 的安全性：

- 教導民眾使用 ATM 輸入密碼時，須以手遮蓋，避免密碼外洩。
- 張貼警示標語告知客戶，自動服務區並未設置門禁

刷卡機，以避免有心人士竊取卡片資訊。

● 教導客戶遇到金融卡或 ATM 異常情形，應該及時通報銀行或警察機關；而不需要通報銀行公會處理。

● 不應教導客戶定期更換金融卡。

● 銀行對於跨行連線作業的各項環節安全，應該加強並嚴加查核。

● 銀行對於報廢的 ATM，應該嚴格控管或銷毀。

● 金融卡交易流程控管應該列入內部稽核重點項目。

● 若客戶投訴存款餘額不符有誤，經確認後係因偽造金融卡盜領案件，銀行應該將 ATM 交易資料送交"財金資訊公司"交叉比對，並在受理申訴 2 日內查證完畢，並補足客戶被盜領款項。

● 金融機構辦理 ATM 之內部稽核及自行查核，應指定專人每日監看錄影帶並做成紀錄。

3. 為加強金融機構安全維護，有關現金運送應加強以下措施：

● 應委由合格專業運鈔保全業辦理。

● 運鈔車已依規定派員護送，運送路線仍須經常變化、不可沿用原路線。

● 運鈔車雖有安全設施，但運送時間也需經常變化。

● 應加強運鈔車之安全設施，而且運鈔路線或運鈔時間應求變化。

● 依金管會規定，金融機構應該每日指定人員觀看 ATM(自動櫃員機)之監視錄影帶，以期及早發現異

常狀況。

4. 關於銀行金庫之內部控制實務作業，應該符合以下內控原則：

- 金庫密碼應定期更換。

- 金庫密碼及鑰匙應分由不同人員保管：出納主管負責保管金庫鑰匙，但不可知悉金庫密碼。

- 金庫應保持上鎖。

- 金庫開啟時間仍應能夠配合作業，不應限制可開啟時。

- 依據金融機構安全維護注意要點，報警系統應<u>每月</u>配合警方測試並<u>至少檢查 2 次</u>。

5. 依據金融機構安全設施設置基準，**銀行分行除應設有保全外，防盜措施應有以下三道防線：**

- **第一道防線：分行外圍及門窗。**

- **第二道防線：室內各空間及金庫外圍、死角。**

- **第三道防線：金庫室內。**

6. 銀行應制定金融機構安全維護管理辦法，經董事會通過後，送主管機關備查

- **<u>分行監視錄影系統應設簿登記管制，影像檔案至少保存 2 個月；新開戶櫃檯及 ATM 區域保存 6 個月。</u>**

- 銀行應指派副總經理一人擔任安全維護執行小組召集人。

- 銀行的報警系統每個月至少配合警方測試並檢查 2 次。

- 銀行安全設施：應設有保全防盜設施，第一道防線之對象為外圍及門窗。
- ATM 自動櫃員機應裝置在明亮位置。
- 閉路電視錄影監視系統影像須以彩色呈現，裝設位置不需受限於明亮位置或處所。
- 隱密型攝影機及攝影光源之啟動開關及監視器應設置於隱密處。
- 只更換鈔匣(鈔票匣)，不得在現場裝卸現金或點鈔。
- 出租保管箱業務，原則上仍應加強保全錄影設施，而且不得在租用的行舍辦理。
- 關於遭到歹徒詐騙通報規定，無論是否遭到歹徒詐騙得逞，金融業者都需要立即通報。

必考要點：

1. 為了強化銀行的安全維護，可以採取以下措施：
   - 進行員工自衛編組
   - 灌輸員工安全維護、人人有責觀念
   - 未能購置運鈔車時，應委託合格的保全公司運送
   - 雇用的保全警衛，不應僅固定站立於門口，而應多方巡查

2. 銀行據點對於安全維護措施，應該遵循以下要求：

- 開門之行員應該負責巡視銀行四周之動態與靜態環境

- 四周環境安全無虞後,才可以會同警衛或保全人員開啟門鎖進入銀行

- 進入銀行後,應該啟用監視錄影系統

- 下班時,保全系統必須正常發揮功效(設定完成),才能離開

- 下班時,應該進行銀行四周環境之檢查確認

3. 銀行保管箱業務應遵循之安全規範如下:

- 在營業時間外須裝置定時密碼鎖管制

- 外牆應採強化鋼筋混凝土結構

- 設置錄影監視系統

- 落實安全檢查

- 保管箱室內應裝設能夠涵蓋各角落的錄影監視系統,但不得侵犯客戶隱私區域(例如:整理室)

4. ATM 補鈔作業得採以下內控措施:

- 應有 2 人以上(男性員工優先)共同執行

- 應另有警衛人員及司機人員隨行

- 補鈔只能更換鈔匣

- 挑選負責任的運鈔保全業者

考題摘錄：

1.銀行分行應每隔幾天指定人員查看 ATM 之監視錄影帶？

　　A.每天

　　B.每 2 天

　　C.每 3 天

　　D.每 5 天

● 　解答：A

2.依規範，設有保全之分行，保全防盜設施應該至少包含三道防線，其中第二道防線是指下列何者？

　　A.各分行營業場所內部各空間及金庫外圍

　　B.金庫室內

　　C.各分行營業場所之門窗(含營業廳大門)

　　D.各分行之櫃檯

● 　解答：A

3.依規範，設有保全之分行，保全防盜設施應該至少包含三道防線，其中第三道防線是指下列何者？

　　A.各分行營業場所內部各空間及金庫外圍

　　B.金庫室內

　　C.各分行營業場所之門窗(含營業廳大門)

D.各分行之櫃檯

● 解答：B

4.下列哪一項目可由分行會計主管保管？
　　A.有價證券
　　B.待交換支票
　　C.客戶存摺及金融卡
　　D.通匯密碼

● 解答：D
● 其他項目主要由出納人員保管，以減少弊端並落實職能分工。

5.對於疑似洗錢之交易，應向哪個單位申報？
　　A.金融聯合徵信中心
　　B.法務部調查局
　　C.中央健保署
　　D.中央銀行
　　E.銀行局
　　F.銀行公會

● 解答：B

6.依規定票據遺失時，權利人應該在提出止付通知後多少日內，向付款人提出已為聲請公示催告之證明？

A. 7 日內

B. 10 日內

C. 2 日內

D. 5 日內

● 解答：D

7. 綜合存款指存款商品結合那些商品之功能？(複選題)

A. 定期存款

B. 活期存款

C. 票據貼現

D. 證券集保存摺

E. 擔保放款

F. 信用放款

● 解答：A、B、E

● 綜合存款除了可以擁有活存、定存功能，也可以有透支定期存款的部分金額喔，因此包含活存、定存與擔保放款(定存質押放款)。

8. 基於內控考量，在外匯交易中，中台及後台作業人員不得辦理何項工作？

A. 帳務處理

B. 清算

C. 下單買賣

D.交割

● 　解答：C

9.交易、記錄與保管不集中於個人或單一部門，屬於何項內
　部控制原則？
　A.職能分工原則
　B.內部覆核原則
　C.分層負責原則
　D.風險管理原則

● 　解答：A

第五章 信用卡與消費金融業務內控要點

第一節 信用卡業務內控要點

第二節 消費金融業務內控要點

◇ 對學生推廣信用卡有何限制？
◇ 發生盜刷事件，如何通報管理？
◇ 信貸車貸徵信審查注意事項？
◇ 貸款利率如何決定？那些需要揭露？

第五章 信用卡與消費金融業務內控要點

第一節 信用卡業務內控要點

一、信用卡業務內控要點

1. 信用卡業務涉及五大主體：

   ● 品牌所有者(Visa、MasterCard、JCB……)

   ● 發卡機構：例如富樂銀行或富樂信用卡公司

   ● 收單機構(收單行)：富國收單行

   ● 特約商店：富樂書城

   ● 持卡人：例如：賀小雲

2. 信用卡發卡業務應涵蓋推廣、徵信、發卡、帳務、客服、風險管理及催收等環節。因此信用卡部門之工作多元，包含推廣及發行信用卡、卡戶服務、信用卡循環信用作業、催收作業等。

3. 代理收付特約商店信用卡消費帳款屬於收單機構之業務。

4. 發卡機構不得同意持卡人以信用卡作為繳付放款本息的工具。

5. 發卡機構對已核發的信用卡，至少每半年應定期覆審。

6. 發卡機構對於特約商店之管理規範如下：

   ● 非經簽訂特約商店契約，不得提供刷卡設備並接受請款

   ● 應建立異常情事之監控與交易終止機制

   ● 每半年應查核特約商店一次

   ● 不得與財務資融公司等不提供商品或服務的機構

簽訂特約商店契約

- 撥付予特約商店之款項，不得直接撥付予第三人

7. 有關信用卡或現金卡的發卡，應符合以下規範：

- ■ 金融機構未完成徵信授信審核程序前，不得製發卡片。

- ■ 已經持有超過3家以上發卡機構的信用卡的客戶，發卡機構核發卡片應審慎評估。

- ■ 信用卡契約條款印製的字體大小不得小於 12 號字。

- ■ 並未規定全職學生申請現金卡時，只能申辦一張或只能向一家金融機構申辦。

- ■ **銀行對於學生申辦信用卡，應符合以下規範：**
  - ◆ **禁止向學生行銷**
  - ◆ **全職學生申辦信用卡，以 3 家發卡機構為限**
  - ◆ **銀行應將發卡情事通知學生家長**
  - ◆ **學生申辦信用卡，最高信用額度為 2 萬元。(並非規定最高額度為 3 萬元)**

8. 信用卡業務機構出售信用卡不良債權給資產管理公司時，雙方應符合以下規範：

- 催收標準一致

- 建立內部控制及稽核制度

- 出售後應通知債務人

- 若資產管理公司涉及暴力、脅迫、恐嚇、辱罵等非法行為等，經查證屬實應立即解約。未來各信用卡

機構不得再將不良債權出售予該資產管理公司。

- 信用卡業務之會計應獨立

9. 關於信用卡之授權控管作業，應留意以下事項：

- 加強錄音系統操作技巧
- 錄音系統每日檢查
- 應記錄所有授權交易情況
- 信用卡風險管理人員應逐筆核對紀錄資料

10. 對於銀行來說，以下支付工具之風險高低如下：

- 信用卡最高、電子錢包、現金儲值卡或金融卡之風險相對低。
- 存款抵銷是最簡易的債權回收途徑、銀行持卡人存款遭到其他債權人扣押時，銀行可主張債權抵銷。

11. 透過既有客戶推介信用卡或現金卡，並非策略聯盟方式的行銷。

12. 依照主管機關規範，發卡銀行推動信用卡或現金卡時，需符合以下規範：

- 禁止金融機構在街頭或騎樓設攤行銷。
- 應依客戶信用採差異化利率訂價且定期調整。
- 全體金融機構的無擔保債務歸戶後，不宜超過平均月收入的 22 倍。
- 每期應繳金額為當期消費金額之 10%。
- 銀行應詳核客戶身分證，並且在身分證影本應加蓋核與正本無誤，對於非委任的代辦公司或非委任的代書仲介推介案件應予拒絕
- 發卡銀行對於非持卡人本人掛失信用卡也應控

管。

● 有非本人查詢餘額時，應立即設控。

● 知悉持卡人死亡時，應立即設控。

● 持卡人超額預借現金時，應立即設控。

● 留意偽造卡的詐欺行為。

13. 信用卡持卡人信用資料及特約商店出現交易異常，應該在限期內向金融聯合徵信中心申報。

14. 第三人有意或無意取得銀行寄給申請人的新信用卡，並在新卡上簽名就可以用偽簽信用卡消費，這種情形屬於"取得未達卡"的詐欺模式。

15. 信用卡發卡機構對特約商店管理及作業，應該符合相關規定：

■ 信用卡合約書收費費率之建檔事務，應經主管人員覆核並蓋章確認。

■ 特約商品資料建檔同樣需經過主管人員覆核並蓋章確認；不得由建檔人員自行覆核。

■ 郵購商品實際經營的負責人，必須符合規定時間內無退票及強制停止信用卡記錄。

■ 應抽核刷卡機借用收據憑證，應該與帳列存入保證金相符。

16. 信用卡發卡機構變更循環信用利息計算方式時，應最遲**60 日**(2 個月)前，以顯著方式標示於書面或約定方式通知持卡人。

17. 依據信用卡業務機構管理辦法，發行信用卡、簽訂特約

商店及代理收付特約商店信用卡消費帳款皆屬於信用卡業務；但發行海外存託憑證則不屬於信用卡業務，屬於股權發行或募集資金管道。

18. 依據信用卡業務機構內部控制及稽核制度應注意事項，信用卡業務機構應於每一會計年度終了前，將次一年度稽核計畫提供予主管機關備查。

19. 依據信用卡業務機構內部控制及稽核制度應注意事項，信用卡業務機構應於每一會計年度結束後 2 個月內，將上一年度稽核計畫執行情形提供予主管機關備查。

20. 在我國國內發行的國際通用信用卡於國內使用，應一律使用新台幣為交易幣別結算。

21. 為控管信用卡盜刷風險，針對信用卡停用或掛失後，仍**在國外消費之請款，應登錄至國際黑名單**，並定期追蹤。

小叮嚀：

● 依據信用卡業務機構管理辦法，專營信用卡業務機構辦理發卡或收單業務者，最低實收資本額為 2 億元。

● 受託機構每筆帳單代收金額上限為 2 萬元。

● 發卡銀行對於已持有超過 3 家以上發卡機構卡片的申請人，核卡時應該審慎評估。

● 調高信用額度，應事先通知正卡持卡人，並取得其書面同意。若有保證人者，應事先通知，並取得其書面同意。

● 發卡銀行對於存有爭議款項，並非規定應在 1 個月內回覆處理進度及狀況。

● 針對現金卡業務規範,發卡銀行應該訂定申訴處理程序,以保障客戶權益。

> 金融機構信用卡或現金卡申請契約書應該以明顯字體揭露以下事項:
> ◇ 借款利率
> ◇ 還款方式
> ◇ 對帳單寄送方式
> ◇ 終止契約程序
> ◇ 各項費用
> ◇ 延滯期間利息及違約金
> ◇ 違約處理程序
> ◇ 須以淺顯文字輔以案例說明
> ● **借款用途並非應揭露事項**

二、呆帳認列

　1.信用卡備抵呆帳提存及呆帳轉銷作業:

■ 當期最低應繳金額超過指定繳款期限 1~3 個月:應提列墊款金額之 2%為備抵呆帳。

■ 當期最低應繳金額超過指定繳款期限 3~6 個月:應提列墊款金額之 50%為備抵呆帳。

■ 當期最低應繳金額超過指定繳款期限 6 個月:應提列全部墊款金額(100%)為備抵呆帳。

- 當期最低應繳金額超過指定繳款期限 6 個月時，應在 <u>3 個月內</u>將全部墊款金額轉銷為呆帳。

2. 現金卡備抵呆帳提存及呆帳轉銷作業：

- 當期最低應繳金額超過<u>指定繳款期限 6 個月時</u>，應在 3 個月內將全部墊款金額(100%)轉銷為呆帳。

必考重點：

- 信用卡當期應繳最低金額超過期限 3~6 個月：應提列 50%的墊款金額為備抵呆帳。

- 催收須知：
  - 不得違反公共利益或侵害他人權益
  - 只能對於持卡人及保證人催收
  - 電話催收需錄音，錄音資料至少保存半年以上
  - 不得以暴力、脅迫、恐嚇及辱罵等方式催收

- 為防止行員勾結不法集團進行詐騙冒貸消費放款，應如何管理？
  - 應建立徵信制度
  - 應嚴禁行員與客戶或委外第三人之資金往來
  - 若有違法應移送法辦，而非送交銀行公會懲處

圖 5-1 信用卡呆帳之分級管理

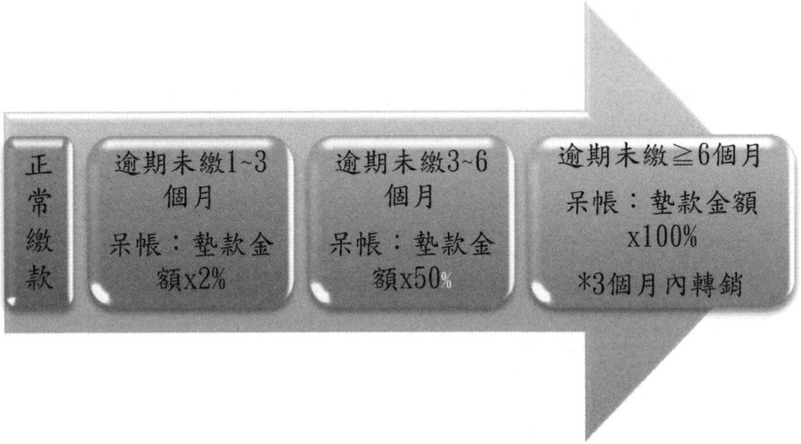

| 正常繳款 | 逾期未繳1~3個月
呆帳：墊款金額x2% | 逾期未繳3~6個月
呆帳：墊款金額x50% | 逾期未繳≧6個月
呆帳：墊款金額x100%
*3個月內轉銷 |

圖 5-2 現金卡呆帳之分級管理

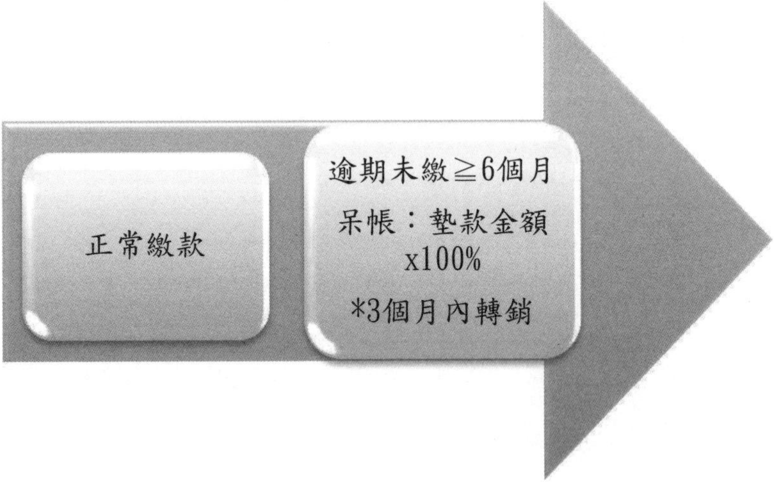

| 正常繳款 | 逾期未繳≧6個月
呆帳：墊款金額x100%
*3個月內轉銷 |

小叮嚀：

1. 依據信用卡業務機構管理辦法，信用卡當期應繳最低付款金額超過繳款期限1~3個月者，應將墊款金額的2%，提列備抵呆帳。

2. 依據信用卡業務機構管理辦法，信用卡當期應繳最低付款金額超過繳款期限達6個月者，應將墊款金額的100%，提列備抵呆帳。

第二節 消金放款業務內控要點

一、消費金融商品種類與內控要點

1. 消費金融商品包含房屋修繕貸款、汽車貸款、個人信用貸款、學費貸款以及信用卡、現金卡之循環信用交易等，但不包含「**企業或法人**」營運週轉金貸款。

2. 消費金融商品具有以下特性：
   - 交易金額較小
   - 商品不斷創新或推出
   - 銷售推廣人員素質不一、良莠不齊
   - 貸款較不具有自償性：可能存有循環信用或未按時繳費之呆帳問題

3. 對於消費者貸款之商品信用循環流程與風險管理，包含書面審查、聯徵中心查詢確認、評分系統、親晤客戶、帳戶管理及風險控制等多元方式。銀行風險管理人員會針對消費者貸款之申貸件數與額度進行控管。

4. 消費金融業務之成功因素，包含滿足客戶需求、建構優

秀組織體系、落實風險管理以降低可能損失、商品差異
化或多元化。商品單一化並非成功因素。

5. 消費金融商品行銷規劃常見缺失如下：

- 目標市場選擇失當：應有定期性的市場研究報告；
  而且應該先行了解市場後，再進一步設計商品。

- 定價失當：例如利率過低或過高。

- 未留意環境變化或未留意產品循環。

- 未謹慎控管例外案件，因而造成差異條件的比率過
  高。

- 對於消費者應負擔的費用及義務未明確告知。

- 行銷推廣時有攻擊或詆毀同業之行為。

- 委託委外機構間接銷售商品時，未留意風險管理。

6. 有效的銷售管理包含：

- 銷售訓練

- 激勵獎勵

- 績效考核

- 後勤行政之強力支援

7. 消費金融商品間接銷售之行銷通路包含委外行銷公司、
仲介或代書、車商等銷售通路。但不包含直接回應銷售
管道，諸如：郵購或型錄 DM 銷售或網路行銷。

8. 關於消費性貸款的商品行銷，可採取強化激勵措施、加
強績效考核、強化後勤支援系統等方式，但不得以保證
為訴求或以代為行銷為訴求。

9. 一般的廣告宣傳主要功能為商品介紹或公司介紹，無法

透過廣告針對個別客戶提供客製化或個人化商品。

10. 行銷活動贈品，應該明訂贈送條件和寄送日期等規定，以免導致金融消費糾紛。

二、消金授信/放款業務控管及查核

1. 消費金融業務的查核範圍應包含產品規畫至債權收回的循環，諸如：授信評估、帳戶管理、風險控制等，但不包含客戶行為規範。

2. 專業訓練並非消金業務的產品信用循環流程。

3. 銀行辦理消費金融業務時，應符合以下規定：

　◇　請客戶在約定書(契約書)親自簽章。

　◇　確實辦理對保作業，並在對保欄載明對保地點及時間。

　◇　放款不得以現金支付，需撥入借款人開立的銀行存款帳戶。

　◇　徵提文件應齊備，才能撥貸或撥款。

4. 銀行辦理消費金融授信審核時，應考量還款意願、償債能力、穩定性；但不需考量消費能力。

5. 銀行辦理消費金融商品之授信審核時，對於償債能力之計算應符合以下事項：

　◇　個人所得應該扣除不穩定的非經常(非持續)所得。

　◇　還款金額除上可供償債之所得淨額愈低愈好。

　◇　利率的波動與潛在負債金額，也將影響申貸者的償債能力。

6. 授信之動產擔保品須符合以下要求：

◇ 動產擔保品品質適於保存及鑑定。

◇ 動產擔保品不易變質或耗損。

◇ 動產擔保品需有市場性、容易變賣或處分變現。

◇ 動產擔保品價格不應波動大，以免造成損失。

7. 關於消費金融業務的授信評估缺失：

◇ 未確認借款人財力證明的真實性。

◇ 徵審流程超過作業時限。

◇ 未依規定查詢系統及聯徵中心資料庫。

◇ 債權憑證由指定的管理人員保管，並非是消金業務常見的授信評估缺失。

8. 為避免舞弊案件發生，可採取以下作法：

◇ 指定之核印人員才有權利核對客戶印鑑，不得假手他人。

◇ 核准交易之前，應檢視借貸傳票或文件、借據等相關文件。

◇ 需定期檢視員工之帳戶交易。

◇ 不得開放所有行員均能經手現金撥付或現金交易。

9. 銀行辦理消費金融業務時，應了解客戶的居住狀況，諸如：有無設籍或寄居、有無家人聯絡資料等，以管理"授信風險"。

10. 銀行處分不良業務代表時，應互相通報同業。

11. 為有效防範不法集團偽造所得扣繳憑單資料詐騙冒貸，金融機構辦理消費性放款應健全徵信、授信及追蹤考核制度。

12. 消費性貸款業務有關客戶身分及親筆簽名之核對，不包括因該消費性信用貸款衍生之存款開戶及親簽核對作業，因為存款開戶屬於櫃檯人員職責。

13. 因應消費性貸款申請案件頗多而且核貸時間緊迫之狀況，銀行可以考慮建立信用評分制度，以加速完成受限案件評估。

14. 銀行辦理消費性貸款業務，並未被要求對於已貸戶之利害關係人婉拒申請辦理。

15. 外訪催收時應勿利用客戶家中有婚喪喜慶或意外事故發生時訪催。

16. (帳戶)透支屬於直接授信之範圍。

三、逾期放款與催收

1. 延滯放款：指**超過繳款截止日**，尚未繳足當期最低應繳金額之放款案件或客戶。

   ◇ 延滯 1 個月以內：M0
   ◇ 延滯 1~2 個月：M1
   ◇ 延滯 2~3 個月：M2
   ◇ 延滯 3~4 個月：M3
   ◇ 延滯 4~5 個月：M4
   ◇ 延滯 5~6 個月：M5
   ◇ 延滯 6 個月以上：M6

2. 逾期放款：指積欠本息超過清償期三個月之各項放款。

3. 催收款項：逾期放款應於清償期屆滿 6 個月內轉入催收款會計科目。

4. 催收人員分工與職責：

   ◇ M0 級催收：延滯 30 日以內

   ◇ M1 級催收：延滯 31~60 日以內

   ◇ 特催：延滯 61 日以上；得視情況外訪催收。

5. 法催程序：

   ◇ 保全程序：假扣押、假處分

   ◇ 督促程序：支付命令

   ◇ 訴訟程序：起訴

   ◇ 非訟程序：如本票裁定

   ◇ 刑事告訴

6. 催收人員對於客戶延滯繳款，應該在第一時間採取措施(催收時機要快)。

7. 針對喪失期限利益時的債權回收法催程序，包含假扣押、支付命令、起訴等程序；但不包含"函催"(寄送掛號信函催收)流程。

8. 依據金管會銀行局規範，<u>積欠貸款本金超過清償期限 3 個月以上</u>，而且沒有辦理轉期或清償時，就應該列報為逾期放款。

9. 若發現逾期放款戶欲將不動產過戶或設定抵押權予其他人等有脫產行為時，應該向法院提出聲請假扣押查封之財產保全措施。

10. 關於逾期放款之處理，應該遵循以下規範：
　　◇　應該儘速行使票據權利
　　◇　應該儘速追訴主、從債務人並聲請處分擔保品
　　◇　立即清查主、從債務人可供執行的財產，必要時並聲請保全措施
　　◇　聲請執行主、從債務人之財產
11. 授信債權之消滅時效：
　　◇　本金、墊款、違約金：15 年
　　◇　利息：5 年

重要考題：

1. 銀行對於特約商店向發卡銀行請款，卻未將貨物銷售予持卡人，應向聯合信用卡中心提報。

2. 金融機構辦理現金卡行銷時，不得有以下銷售方式：
　　◇　快速核卡
　　◇　以卡辦卡
　　◇　以名片辦卡
　　◇　禁止於街頭(騎樓)設攤行銷
　　*得以延後付款且必要時得循環動用為訴求。

3. 銀行之法催程序：
　　(1) 保全程序(假扣押、假處分)
　　(2) 督促程序(支付命令)
　　(3) 訴訟程序(起訴)
　　(4) 非訟程序(本票裁定)

(5) 刑事告訴

4. 風險管理控管組人員應逐筆對持卡人限額限次資料更正紀錄日報表。

5. 消金之授信準則，應符合總行授信政策並配合環境變化修訂。

6. 匯票與本票之追索權：一年間不行使而消滅；支票之追索權，四個月不行使而消滅。

7. 學生信用卡控管：

◇ **3 家發卡機構為限。**

◇ **每家歸戶額度應低於 2 萬元。**

8. 學生現金卡控管：

◇ 2 家發卡機構為限。

◇ 每家歸戶額度低於 1 萬元、父母同意者額度應低於 2 萬。

9. 金融機構委外作業，應由受託機構落實執行客戶資料保密安全之維護，金融機構並應確實監督。

考題摘錄：

1.依據規範，信用卡客戶之當期最低應繳金額超過指定繳款期限半年未繳足時，應該在多久以內，發卡機構將全部墊款金額轉銷呆帳處理？

   A. 半年

   B. 2 個月

   C. 3 個月

   D. 1 個月

   E. 15 天

●   解答：C

2.信用卡持卡人信用資料出現異常時，應該在限期內向哪一個機構申報？

   A. 聯合信用卡中心

   B. 銀行公會

   C. 銀行局

   D. 金融聯合徵信中心

   E. 法務部調查局

●   解答：D

3. 下列何者屬於消費金融商品項目？(複選題)

   A.票據貼現

   B.帳戶透支

C.股票質押貸款

D.信用卡預借現金

E.信用貸款

F. 汽機車貸款

G.企業耐久財貸款

● 解答：A、B、C、D、E、F

4.貸款申請人透過變造或冒用他人身分證及財產資料文件，
以便辦理貸款或信用卡，屬於何種詐欺類型？(複選題)

A.假消費真刷卡

B.偽冒申請

C.取得未達卡

D.人頭貸款

E.盜領貸款

F. 偽造卡

● 解答：B、D

5.依規定，金融機構放款超過清償期一定期間而未獲清償就
應列入催收款項科目？

A. 9 個月

B. 6 個月

C. 3 個月

D. 12 個月

● 解答：B

6.下列哪一個項目屬於民事保全程序？(複選題)

   A. 假扣押

   B. 假處分

   C. 假告訴

   D. 申請參與分配

● 解答：A、B

7.依據規範，全職學生申辦信用卡有何限制？

   A. 2 家，2 萬

   B. 2 家，3 萬

   C. 3 家，2 萬

   D. 3 家，3 萬

● 解答：C

8.信用卡附卡申請人年齡至少須達幾歲？

   A. 10 歲

   B. 15 歲

   C. 20 歲

   D. 7 歲

● 解答：B

第六章 放款、財富管理與外匯業務要點

第一節 放款業務內控要點

第二節 財富管理與信託業務內控要點

第三節 外匯業務內控要點

✧ 放款徵信與流程，有哪些注意事項？
✧ 撥款可否以現金或支票支付？
✧ 財富管理業務應遵循 KYC / KYP？
✧ 洗錢防制通報的金額門檻是多少？

第六章 放款、財富管理與外匯業務內控要點

第一節 放款業務內控要點

一、授信之定義與種類

1. 授信：銀行辦理放款、透支、貼現、保證、承兌及其他經中央主管機關指定之業務項目。

2. 授信，簡單來說也就是銀行放款(借錢)予個人或法人之作業。

3. 銀行辦理授信，依期間長短可區分如下：

   - 短期信用/授信：授信期間在 1 年以內。
   - 中期信用/授信：授信期間介於 1 年~7 年。
   - 長期信用/授信：授信期間超過 7 年。

4. 銀行對購買或建造住宅或企業用建築，得辦理中、長期放款，其最長期限不得超過三十年。但對於無自用住宅者購買自用住宅之放款，不在此限。(銀行法第 38 條)

5. 擔保授信：對銀行之授信，提供下列之一為擔保者：

   - 不動產或動產抵押權。
   - 動產或權利質權。
   - 借款人營業交易所發生之應收票據。
   - 各級政府公庫主管機關、銀行或經政府核准設立之信用保證機構之保證。

6. 間接授信：包含保證、承兌與信用狀等。

二、授信(放款)業務內控摘要

1. 授信政策準則之遵循：屬於稽核人員稽查分行消費金融業務之重點。

2. 銀行辦理自用住宅放款及消費性放款，不得要求借款人提供連帶保證人。

3. 銀行辦理自用住宅放款及消費性放款，已取得足額擔保時，不得要求借款人提供保證人。

4. 放款金額撥款，不得以現金支付，應存入銀行帳戶內或轉入指定帳戶。

5. 透過電話催收時，錄音檔案資料應至少保存半年以上。

6. 親訪催收或電話催收時，不可對第三人催收。

7. 授信管理中的待補事項登記簿，主要記載授信案件之缺漏不全情形，屬於帳戶管理之內控方式。

8. 通常授信時，會考量借款人的負債比，通常規範如下：(可動用額度+無擔保債務)/每月收入<22 。<u>範例：月收入 5 萬元，則負債應低於 110 萬較佳。</u>

9. 依據銀行公會徵信準則，個人授信總額達 2,000 萬元，應徵提(要求提供)個人報稅資料核驗。

10. 企業授信≧3,000 萬，應徵提會計師財務查核簽證報告。

11. 企業中長期授信餘額超過 2 億元，企業申貸時應徵提現金流量表及預估資產負債表。

12. 針對冒貸案，應健全徵信、授信及追蹤考核制度。

13. 銀行授信部門應建立授信歸戶制度。

License

14. 聯貸案件若欲出售債權，應由參貸行共同決定。

15. 授信風險評估應包含客戶之居住處所(戶籍、寄居)，個人電話或家人電話等。

16. 銀行授審會(授信審查委員會)不負責鑑價，只負責審查較高額的授信案件。

17. 出口後之出口外幣放款，在出口後才可以兌換成新台幣。

18. 銀行公會會員授信準則規範，銀行授信作業應符合以下原則：

■　簽訂借貸契約後，將契約一份交付客戶。

■　對於授信案件審核之作業程序，應製作流程圖於營業場所標示。

■　未辦理徵信，不應核貸授信。

■　關於授信業務之相關費用或收費標準，並未要求隨利息每月收取，只要求應於書面明訂揭露。

19. 授信戶之覆審作業應符合以下要求：

■　覆審人員應具有授信業務相關經驗。

■　覆審人員若發現擔保品價值存在較大幅貶值時，應立即採取必要措施。

■　若為中長期授信，應針對借款計畫實施進度及成效，加以追蹤及了解。

■　覆審人員不得覆審本身承辦之授信案件。

20. 關於短期授信應注意事項之規範如下：

■　授信期限在一年以內。

- 可能為協助企業之經常性營業活動之週轉金融通(融資)。
- 可能為協助企業購買營業週期內所需流動資產或償還流動負債目的之授信。
- 企業須提出授信戶資料表、董監事名冊影本、主要負責人資料等文件,以便於後續之徵信或授信評估作業之進行。通常不需提出預估資產負債表等文件。

21. 依據金融機構出售不良債權應注意事項,管理範圍如下:
- 金融機構之範圍包含信用合作社。
- 若對於得標之應買人辦理授信,該授信應為擔保授信且所徵取的擔保品不得包含自身所出售的不良債權。
- 擬出售的不良債權標的,如果屬於銀行法或金控法所稱之利害關係人授信案件,應經過 2/3 以上董事出席,3/4 以上同意。

22. 銀行辦理自用住宅放款及消費性放款徵提連帶保證人時,應遵循以下事項:
- 足額擔保時,免徵提保證人。
- 擔保品價值貶落時,得要求補提擔保品或徵提保證人。

- 保證人保證之債權應限定於由特定法律關係所生債權或基於票據所生之權利,可能包含主債務金額或從屬於主債務之負擔。

- 若企業授信總額(全體金融業歸戶餘額加上本次申請額度)達主管機關規定金額時,必須經會計師財簽(財務簽證)。

23. 應收帳款承購業務之授信對象為還款人。

24. 發出支付命令後,最慢應於 3 個月內送達債務人,否則失其效力。法院保證金不會期滿自動退回。

25. 針對銀行之利害關係人為擔保授信,若對同一授信客戶之每筆或累計金額超過金管會銀行局所規範的 1 億元額度或銀行淨值的 1%,就需要符合十足擔保且授信或貸款條件不得優於其他對象之規範。

26. 銀行對於持有實收資本額 5%以上的企業、負責人、職員、股東或與本公司職員有利害關係者的擔保授信,應有完全(十足)擔保,而且授信條件不得優於其他同類授信對象。

27. 授信條件包含:是否有保證人、貸款期限、本息償還方式、利率等。授信條件不包含諸如提前償還的違約金。

28. 銀行徵提倉單作為授信擔保品時,應符合以下規範:

- 倉單須由合法倉庫業者簽發。

- 設質的倉單背面出質人與讓與人欄位,應該經過提供人背書並經倉庫負責人簽章。

- 倉庫物資應已投保足額火險,並以授信銀行為受益人。

■　倉單之物資不可為已辦理信託佔有登記之物資。

29. 針對移送中小企業信用保證基金批次保證之案件，授信單位應從授信之翌日起，7 個營業日內填送通知單。

30. 有關貸款資金的撥付，應遵循以下事項：

■　公司名義的借款不可以撥入個人帳戶。

■　建築融資應依照建築個案的實際工程進度分批撥貸。

■　擔保品需設質者，不可於撥貸後再辦理設質程序。

■　銀行授信債權的消滅時效期間：墊款後 15 年。

■　逾期欠款≧6 個月，應該在 3 個月內轉銷呆帳。

31. 有關授信業務，應留意以下事項：

■　授信總額不得超過核准額度。

■　授信作業流程圖應該懸掛在營業大廳。

■　擔保品需設質者，應該在撥貸前辦妥設質程序。

■　辦理自用住宅放款，若已徵取足額擔保，則得不需徵取連帶保證人。

小叮嚀：

依據主管機關規定，金融機構總行(總公司)在接獲分行的警示帳戶通報後，應立即向**金融聯合徵信中心**通報。

32. 協議分期償還的逾期放款，查核規範如下：

■　中長期放款的分期償還期限不得超過 30 年。

■　短期放款之每年償還本息金額，在 10%以上為原

則。

- 中長期放款於原殘餘年限內,其分期償還部分不得低於積欠本息的 3 成。

33. 為了有效管理並分散借款集中案件之作業,應建立大額授信之鑑價評估制度,銀行在徵信或授信審核時得採取以下措施:

- 同一所有權人之擔保物,分由許多人辦理授信時,必須提出親屬、股東或合夥關係證明。
- 對於大額授信之擔保物鑑價,應該明訂鑑估的層級。
- 對於一定金額以上之授信擔保物,應該徵提經第三公正單位鑑估之報告為佐證資料。
- 對於一定金額以上之授信擔保物鑑價,不需交由授審會(授信審查委員會)負責辦理。

34. 為加速警示帳戶還款,可採取以下措施:

- 還款進度列入 KPI 績效考核指標。
- 主動聯絡受害人或速洽同業協查,以縮短作業時間。
- 總行密集追蹤辦理執行成效。
- 對於剩餘款項 10 萬以下及金額較小者,亦不可暫緩處理。

35. 為防範關聯企業間因經營失控產生連鎖效應,造成重大損失,金融機構辦理授信時,應建立授信歸戶制度,綜合評估其資金需求。

圖 6-1 授信區分等級以及各需提列之呆帳比率

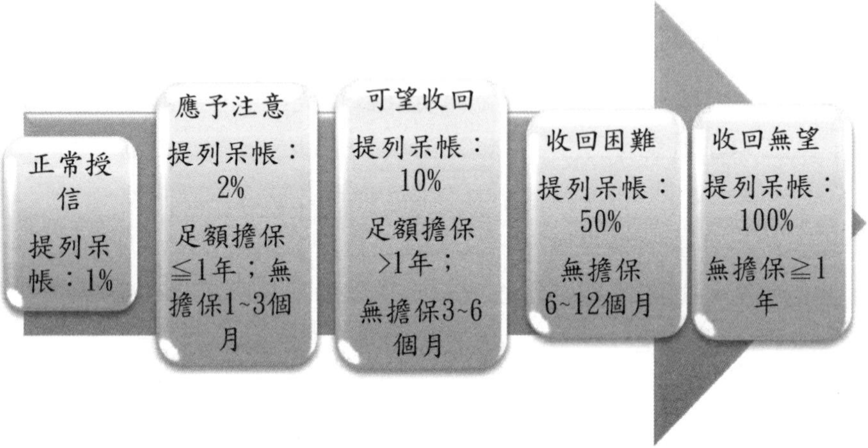

正常授信	應予注意	可望收回	收回困難	收回無望
提列呆帳：1%	提列呆帳：2% 足額擔保≦1年；無擔保1~3個月	提列呆帳：10% 足額擔保>1年；無擔保3~6個月	提列呆帳：50% 無擔保6~12個月	提列呆帳：100% 無擔保≧1年

圖 6-2 延滯放款之分級管理

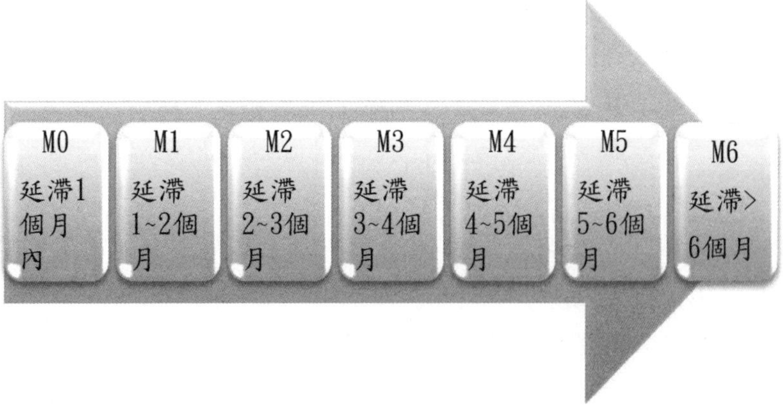

M0	M1	M2	M3	M4	M5	M6
延滯1個月內	延滯1~2個月	延滯2~3個月	延滯3~4個月	延滯4~5個月	延滯5~6個月	延滯>6個月

圖 6-3 催收款項之分級

MO級	M1級	特催級
延滯30日以內	延滯31~60日以內	延滯61日以上；得外訪催收

二、銀行法對於關係人授信限制

1. 依據銀行法規定,銀行對其持有實收資本總額5%以上之企業或銀行負責人、職員或主要股東,或對與銀行負責人或辦理授信之職員有利害關係者為擔保授信,應有十足擔保。此外,銀行對於個別利害關係人的每筆或累計授信金額達 1 億元或達銀行淨值的 1%時,該授信案必須經過董事會 2/3 以上董事出席、並經出席董事 3/4 以上同意。

2. 銀行法對於授信利害關係人定義:銀行董事長、總經理、負責人配偶、未成年子女、銀行的授信職員等。

3. 銀行不得對其持有實收資本總額 3%以上之企業，或銀行負責人、職員、或主要股東，或對與銀行負責人或辦理授信之職員有利害關係者，為無擔保授信。但消費者貸款及對政府貸款不在此限。

4. 對於持有銀行已發行股份總數小於 1%的股東、對於銀行持有實收資本總額 2%之企業或對於成年子女，則不需受限於利害關係人的無擔保授信要求。

5. 對於利害關係人之 擔保 授信限制：對同一法人之擔保授信總餘額不得超過各該銀行淨值 10%；對同一自然人之擔保授信總餘額不得超過各該銀行淨值 2%。

6. 銀行對於**法人之授信限額**規範如下：
   - **同一法人擔保授信總餘額**≦15%x 銀行淨值
   - **同一法人無擔保授信總餘額**≦5%x 銀行淨值
   - **同一關係人之無擔保授信總餘額**≦10%x 銀行淨值
   - **同一關係企業之無擔保授信總餘額**≦15%x 銀行淨值
   - **同一關係人或關係企業之授信總餘額**≦40%x 銀行淨值
   - **同一公營機構之授信總餘額**≦銀行淨值

7. 銀行對於**個人(自然人)**之授信限額規範如下：
   - **同一自然人授信總餘額≦3%x 淨值**
   - **同一自然人無擔保授信總餘額≦1%x 淨值**
   - 同一自然人(關係人)授信**總**限額≦6%x 淨值
   - 同一自然人(關係人)無擔保授信限額≦2%x 淨值

8. 金控公司對於利害關係人授信或背書達到一定金額或比率時，應於每季後 30 日內向主管機關申報並透過網路揭露。(1 月，4 月，7 月，10 月)

9. 中小企業總授信金額在 600 萬以下者，徵信範圍可以簡化處理。總授信金額指聯徵中心歸戶餘額加計本次申貸金額。

10. 依據銀行公會會員徵信準則規定，中小企業總授信金額在 1,500 萬以下而且擁有足額擔保者，可簡化徵信範圍。

11. 依據銀行公會會員徵信準則規定，銀行對企業總授信金額超過 3,000 萬元，<u>應該徵提會計師財務報表查核報告。</u>

12. 企業中長期總授信金額超過 2 億元，應該徵提(提供)預估現金流量表及預估資產負債表等資料。

13. 延滯放款：指超過繳款截止日，尚未繳足當期最低應繳金額之放款案件或客戶。
    ◇ 延滯 1 個月以內：M0
    ◇ 延滯 1~2 個月：M1
    ◇ 延滯 2~3 個月：M2
    ◇ 延滯 3~4 個月：M3
    ◇ 延滯 4~5 個月：M4
    ◇ 延滯 5~6 個月：M5
    ◇ 延滯 6 個月以上：M6

14. 逾期放款：指積欠本息超過清償期 3 個月之各項放款。

15. 催收款項：逾期放款應於清償期屆滿 6 個月內轉入催收款會計科目。

小叮嚀：

1. 銀行之間接授信，包含保證業務、承兌業務與開發國內外信用狀業務。(口訣：保證(承)誠信)
2. 假扣押或假處分屬於民事保全程序。
3. 借款人以營業交易的應收票據作為授信擔保品時，僅能以本票或匯票作為授信擔保品，所以不能以支票作為擔保品。

三、相關法條摘錄：
(一)銀行法要點摘錄：
第 12-2 條

因自用住宅放款及消費性放款而徵取之保證人，其保證契約自成立之日起，有效期間不得逾<u>十五年</u>。但經保證人書面同意者，不在此限。

第 32 條

● 銀行不得對其持有實收資本總額百分之三以上之企業，或本行負責人、職員、或主要股東，或對與本行負責人或辦理授信之職員有利害關係者，為無擔保授信。但消費者貸款及對政府貸款不在此限。

● 銀行法所稱主要股東係指持有銀行已發行股份總數百分之一以上者；主要股東為自然人時，本人之配偶與其未成年子女之持股應計入本人之持股。

第 33 條

　　銀行對其持有實收資本總額百分之五以上之企業，或本行負責人、職員、或主要股東，或對與本行負責人或辦理授信之職員有利害關係者為擔保授信，應有十足擔保，其條件不得優於其他同類授信對象，如授信達中央主管機關規定金額以上者，並應經三分之二以上董事之出席及出席董事四分之三以上同意。

前項授信限額、授信總餘額、授信條件及同類授信對象，由中央主管機關洽商中央銀行定之。

第 33 條之 3 第 1 項

● 所稱銀行對同一人、同一關係人或同一關係企業之授信限額規定如下：

1. 銀行對同一自然人之授信總餘額，不得超過該銀行淨值百分之三，其中無擔保授信總餘額不得超過該銀行淨值百分之一。

2. 銀行對同一法人之授信總餘額，不得超過該銀行淨值百分之十五，其中無擔保授信總餘額不得超過該銀行淨值百分之五。

3. 銀行對同一公營事業之授信總餘額，不受前項規定比率之限制，但不得超過該銀行之淨值。

4. 銀行對同一關係人之授信總餘額,不得超過該銀行淨值百分之四十,其中對自然人之授信,不得超過該銀行淨值百分之六;對同一關係人之無擔保授信總餘額不得超過該銀行淨值百分之十,其中對自然人之無擔保授信,不得超過該銀行淨值百分之二。但對公營事業之授信不予併計。

5. 銀行對同一關係企業之授信總餘額不得超過該銀行淨值百分之四十,其中無擔保授信總餘額不得超過該銀行淨值之百分之十五。但對公營事業之授信不予併計。

6. 下列授信得不計入本辦法所稱授信總餘額:

◇ 配合政府政策,經主管機關專案核准之專案授信或經中央銀行專案轉融通之授信。

◇ 對政府機關之授信。

◇ 以公債、國庫券、中央銀行儲蓄券、中央銀行可轉讓定期存單、本行存單或本行金融債券為擔保品授信。

◇ 依加強推動銀行辦理小額放款業務要點辦理之新臺幣一百萬元以下之授信。

第 38 條

銀行對購買或建造住宅或企業用建築,得辦理中、長期放款,其最長期限不得超過<u>三十年</u>。但對於無自用住宅者購買自用住宅之放款,不在此限。

● 因此對於無自用住宅者購買自用住宅之放款之放款期間，不需受限於 30 年期限。但商業性放款或個人耐久財放款、計畫性放款皆需受限於 30 年期。

第 72 條

商業銀行辦理中期放款之總餘額，不得超過其所收定期存款總餘額。

(二)金融控股公司法對於關係人授信限制

第 44 條 金融控股公司之銀行子公司及保險子公司對下列之人辦理授信時，不得為無擔保授信；為擔保授信時，準用銀行法第 33 條關於銀行關係人授信之限制規定：

1.該金融控股公司之負責人及大股東。
2.該金融控股公司之負責人及大股東為獨資、合夥經營之事業，或擔任負責人之企業，或為代表人之團體。
3.有半數以上董事與金融控股公司或其子公司相同之公司。
4.該金融控股公司之子公司與該子公司負責人及大股東。

小叮嚀：

● 金融控股公司法對於利害關係人定義：負責人與大股東
● 利害關係人授信的限制：不得做無擔保授信(放款)、辦理擔保放款需受限額管理。

第二節 財富管理與信託業務內控要點

一、財富管理業務內控要點

　　1.財富管理從業人員應包含以下規範：

- 忠實誠信原則：不應有隱瞞欺騙或誤導之言行。

- 專業原則：對於商品知識、行政流程、風險與規範，具備完整的知識與經驗。

- 勤勉原則：注意業務進行與發展，對於客戶疑問應適時提出說明。

- 保密原則：妥善保管客戶資料，禁止洩漏機密資料或有不當使用。

- 商品適合度政策：落實 KYC (Know Your Customer)。例如：林小姐為風險趨避者，不願承擔損失，理財業務人員卻積極推薦新興市場基金等高風險等級基金，明顯違背商品適合度政策。

　　2.銀行辦理財富管理業務須符合以下規範要求：

- 理財業務人員的獎酬結構，需涵蓋財務指標與非財務指標，並考量風險。

- 得採秘密顧客檢核手法，以確保服務品質。

- 應該執行 KYC 程序。

- 不得以贈品方式招攬新客戶開立存款帳戶。

　　3.銀行辦理財富管理業務應訂立內線交易及利益衝突之防範機制：

- 員工接受禮品或招待時應申報。

- 推介商品不得以利益多寡為考量。

- 理財人員不得要求期約或收受不當金錢。

4. 銀行辦理財富管理業務，對於客戶申訴之處理程序，應符合以下規範要求：

- 應有獨立的單位或人員監督：應建立集中處理申訴的專責單位，例如：申訴部或申訴科。

- 應制定明確的申訴處理程序。

- 處理過程應留有書面記錄。

- 應定期呈報管理階層案情報告。

- 申訴案件不應僅由業務單位及業務人員直接予以處理。

5. 依據證投顧事業從業人員行為準則，財富管理從業人員應善盡勤勉原則，注意業務進行與發展，對於客戶疑問應適時提出說明。

二、衍生性商品業務內控要點

1. 依據銀行辦理衍生性金融商品業務應注意事項，衍生性金融商品包含遠期利率協定(FRA)、利率選擇權(IRO)、利率交換(IRS)。但是指數股票型基金交易(ETF)並非屬於衍生性金融商品，僅屬於基金或證券類別商品。

2. 依據銀行辦理衍生性金融商品業務應注意事項，銀行不得與直接或間接持有其股份比率達10%以上的股東，從事台股股權衍生性商品及台股股權結構型商品交易。

3. 依據銀行辦理衍生性金融商品業務應注意事項，衍生性金融商品部位的評價頻率，應依照性質分別訂立。交易

部位必須及時評估或依每日市價評估。銀行本身業務需要辦理<u>避險性交易者</u>，<u>應該每月至少評估一次</u>。

4. 銀行已取得辦理衍生性金融商品業務之核准者，得開辦各種衍生性金融商品及其商品之組合，但應於開辦後 15 日內，檢附商品特性說明書送金管會備查。

- 備查商品需於開辦後(上市後)15 日內送主管機關備查。

5. 關於衍生性金融商品的風險管理機制，應遵循以下要求：

- 承擔風險應在銀行可容許及承受範圍內。
- 不應由交易部主管，負責檢視風險管理系統之適當性；應由交易部門以外的風險管理單位執行風險確認(辨識)工作。
- 應定期向高階管理階層報告部位風險及評價損益。

6. 銀行辦理衍生性金融商品業務之規範，應包含以下要求：

- 銀行風險比率(自有資本與風險性資產比率)符合銀行法規定
- 銀行無備抵呆帳提列不足情事
- 銀行申請日上一季底逾放比率≦3%

7. 依據金管會規範，以書面向銀行申請成為辦理衍生性金融商品業務的專業自然人客戶須同時具備以下資格條件：

- 3,000 萬以上的財力證明(資產)`
- 客戶具備充分的金融專業知識或交易經驗。
- 充分了解銀行與專業客戶進行衍生性金融商品交易,得免除的責任。
- 同意簽署為專業客戶。

小叮嚀:

1. 3,000 萬額度也是私人銀行理財客戶之門檻。
2. 同類型之結構型商品指商品結構、幣別與連結標的等性質完全一致。
3. 交易員未經核准從事營業時間後交易之違反授權規範行為,屬於作業風險的一環。

三、信託業務內控要點

1. 信託資金:指銀行以受託人地位,收受信託款項,依照信託契約約定之條件,為信託人指定之受益人之利益而經營之資金。
2. 銀行業兼營信託業務,應依據信託業法送主管機關核准,應準備營業計劃書、董事會議事錄及最近一期會計師查核簽證財務報告。
3. 依據信託法規定,受託人(銀行信託部)應該每年至少提供 1 次的信託財產目錄及收支計算表送交委託人及受益人。
4. 信託業者(銀行信託部)應該每年至少 1 次,提供信託財產報告予委託人。

5. 依據信託業法規定，信託業應設立信託財產評議委員會，並每季(每 3 個月)開會一次，並將審查結果報告董事會。

6. 信託業因訴訟、行政處分或其他相關事件，對於公司財務業務存在重大影響，最遲應在 2 個營業日內向主管機關申報並公告。

   說明：比照公開發行公司對於重大事件之揭露要求。

7. 依據法規要求，銀行之董事及監察人至少須有 1 人具備信託專門學識或經驗。

8. 銀行辦理企業員工福儲信託或持股信託，若被投資公司股東會有董監事改選，應由受託銀行代表出席行使表決權。

9. 關於信託資金集合管理運用業務，應遵循以下要點：

   ✧ 廣告及營業促銷活動，不得涉及對非特定人公開招募之行為。因此不可向社會大眾公開招募。

   ✧ 不得以其他類似基金之名稱進行廣告行銷。

   ✧ 進行外匯避險需求所辦理的台幣與外幣間匯率選擇權交易之名目本金，不得超過投資國外有價證券的本金。

   ✧ 不得從事證券信用交易(融資、融券)。

   ✧ 關於員工持股信託委託人所享有的信託財產權益需要分別詳細記帳。

   ✧ 依照信託業營運範圍受益權轉讓限制風險揭露及行銷訂約管理辦法規定，信託業辦理特定金錢信託

業務或特定有價證券信託業務,從交易相對人取得的報酬、費用、折讓等各項利益,應分別明定收取費率之範圍。以非專業投資人為受託投資對象的商品利益(年化費率)不得超過受託投資總額之0.5%。

10. 不動產信託:信託業受託為不動產業務管理處分時,應向地政機關為信託登記。

小叮嚀:

對於集合管理運用帳戶的廣告及促銷活動,應符合以下規範:

- 僅可對於特定人募集
- 不可在媒體宣傳
- 不得以類似基金方式募集
- 不得以基金之名稱行銷

第三節 外匯業務內控要點

一、現行台灣外匯自由化之管理機制

1. 不涉及台幣兌換之外幣資金進出完全自由。

2. 涉及台幣兌換之外幣資金進出:

- 商品及勞務交易之資金進出完全自由。
- 經主管機關核准之直接投資及證券投資進出完全自由。
- 採取限額管理:針對**公司、行號**及個人、團體、非

居民訂有限額管理；超過限額則須經央行核准，才可向指定銀行辦理結匯。

二、管理外匯主管機關

1. 外匯業務主管機關：中央銀行。
2. 外匯行政主管機關：財政部。

三、央行外匯管制規範：額度內可逕行辦理新台幣結匯

1. 公司、行號：每年累積結購或結售金額未超過**五千萬美元**之匯款。
2. 個人、團體：每年累積結購或結售金額未超過**五百萬美元**之匯款。
3. 非居住民(非居民)：每筆結購或結售金額未超過**十萬美元**之匯款。

小叮嚀：對於非居民之外匯管制最嚴格，每次限額10萬美元。

四、單筆鉅額交易管理：經銀行確認文件後辦理結匯之外匯收支或交易

1. 公司行號每筆結匯金額達 **100 萬美元**之匯款
2. 個人團體每筆結匯金額達 50 萬美元之匯款
3. 核准直接投資及證券投資之匯款
4. 涉及境外貨品或勞務之匯款

5. 依央行規範文件供銀行業確認之匯款

6. 依據中央銀行規定，**本國人一次結匯金額超過 50 萬美元，國人就需要填報外匯收支或交易申報書。**

五、經央行核准辦理結匯之外匯收支或交易

1. 公司、行號每年超過 5 千萬美元之匯款

2. 個人、團體每年超過 5 百萬美元之匯款

3. 非居民每筆超過 10 萬美元之匯款

4. 未滿 20 歲之國民每筆結匯金額達台幣 50 萬元之匯款，須由銀行業者向央行申請核准後，才能辦理結匯。

小叮嚀：台幣 50 萬元～～金額同洗錢防制法之申報標準。

六、管理外匯條例規範概要

1. 管理外匯條例制定目的：平衡國際收支，穩定金融，實施外匯管理，公佈管理外匯條例。

　◇　**說明：制定目的不包含促進經濟成長。**

2. 免結匯報運進口貨物，應向財政部申請核發免結匯報運進口

(1) 國外援助物資。

(2) 政府以國外貸款購入貨品。

(3) 學校及教育、研究機構，接受國外捐贈貨品。

(4) 慈善機構接受國外捐贈救濟貨品。

(5) 出入國境旅客及交通人員隨身物品。

七、緊急情況

1. 必要處置：金管會會同央行報請行政院核定後，可對於危害國際安全之國家、地區或恐怖組織相關之個人、法人、團體、機構，對於其在帳戶、匯款、通貨或其他支付工具，做出禁止提款、轉帳、付款、交付、轉讓或其他必要處置，金管會應於公告後10日內送請立法院追認。

2. 採取關閉外匯市場或限制外匯支付之措施：

3. 遇有國內外經濟失調危及本國經濟穩定、國際收支嚴重逆差等情況時，應由行政院訂定外匯管制辦法，公告一定期間內，關閉外匯市場、停止或限制全部或部份外匯支付、命令將全部或部份外匯結售或存入指定銀行或為其他必要之處置。行政院決定後10日內須送立法院追認。<u>若遇立法院休會期間，得延長為20日內送立法院追認</u>。

4. 因應國際貿易發生長期順差、外匯存底鉅額累積或國際經濟重大變化，行政院得決定停止部分業務之開放。

小叮嚀：

- ■ 新台幣匯率大幅波動並非關閉或限制外匯業務控管之時機。

- ■ 若發生國內或國外經濟波動，危及國內經濟穩定或國際收支發生嚴重逆差，行政院得於10日內，採取必要之處置或限制。行政院應於決定後10日內向立

法院追認。(立法院休會期間放寬為20日)

■　炒匯、外匯套利或洗錢組織並非採取必要處置之情事。

八、其他規範摘要

1. 申報義務人辦理台幣結匯後，不得要求更改內容，除非申報義務人非故意，經舉證並檢具<u>律師或銀行業</u>出具無故意申報不實意見書。

2. 申報義務人對於銀行業提供之交易憑證應予以核對。若與事實不符，應自銀行業製發之日起 7 個營業日內，向銀行業辦理更正。

3. 申報義務人利用網路辦理結匯申報前，應<u>親赴銀行櫃檯申請並辦理</u>。申報義務人透過網際網路辦理台幣結匯時，經查獲有申報不實情形，日後辦理台幣結匯申報事宜，應至銀行櫃檯辦理。

4. 銀行業對於申報義務人以電子訊息所為之文件紀錄，至少需要保存5年。

考試重點摘錄：

✧　外匯收支或交易申報辦法為管理外匯條例之子法，相關罰責明訂於母法(管理外匯條例)，而非子法(外匯收支或交易申報辦法)。

✧　銀行業對於申報義務人以電子訊息所為之外匯申報紀錄資訊或臨櫃辦理結匯申報之文件，皆須保存 5 年。

- ✧ 辦理外匯申報時，關於申報書填報資料之更改規定如下：
  - ■ 申報書金額不得更改
  - ■ 申報書的其他項目可以更改、更改時必須由申報義務人加蓋印章或簽名
- ✧ 國外進口商雖然財務健全，但該國政府卻存有外匯短缺問題，這時候辦理出口押匯時，可能產生國家風險。
- ✧ 公司或行號每筆結匯金額達 100 萬美元，需經銀行業確認與申報書內容相符後，才能辦理結匯。
- ✧ 未滿 20 歲之國民每筆結匯金額達台幣 50 萬元之匯款，須由銀行業者向央行申請核准後，才能辦理結匯。
- ✧ 銀行對於持有出入境許可證或居留證的大陸居民，每筆結匯金額低於 10 萬美元，銀行得逕行辦理。
- ✧ **依據中央銀行規定，本國人一次結匯金額超過 50 萬美元，國人就需要填報外匯收支或交易申報書。**
- ✧ 銀行可以辦理台幣與外幣間的遠期外匯買賣，但應留意以下事項：
  - ■ 公司及個人均可辦理
  - ■ 不得依照原價格辦理展期(應依照展期時匯率辦理)。
  - ■ 公司法人每筆交易金額逾 100 萬美元，應該向中央銀行外匯局申報。

■ 遠期外匯案件金額超過 100 萬美元或等值外幣時，外匯指定銀行就要以電腦連線傳送大額遠期外匯交易資料給中央銀行外匯局。

■ 訂約前就需要徵提相關證明文件。

◇ 依據外匯收支或交易申報辦法，申辦義務人對於銀行製發的交易憑證內容存有異議或與事實不符合時，可以在製發日起**7日內**要求銀行更正。

◇ 出境之本國人及外國人，每人攜帶外幣之限額，由財政部規範公佈。針對超過免申報標準，就需要經過央行核准才可以辦理結匯。

◇ 申報義務人委託公司或個人辦理新台幣結匯申報，應以受託人名義辦理申報。

考題摘錄：

1.依據銀行法規定，長期授信期間應超過幾年？

    A.30 年

    B.7 年

    C.10 年

    D.20 年

●   解答：B

2.銀行對於逾期放款與催收款轉銷呆帳，應經過哪一個單位核准？

    A.消金部門經理

    B.總經理

    C.總稽核

    D.董事長

    E.董事會

●   解答：E

3.下列何者屬於貨幣市場金融工具？(複選題)

    A.國庫券

    B.銀行承兌匯票

    C.銀行可轉讓定期存單

D.商業本票

● 解答：A、B、C、D

4. 小劉操作衍生性金融商品時，發生金融資產無法以合理價格賣出變現(軋平)之風險，屬於何項風險？
A.信用風險
B.市場風險
C.流動型風險
D.作業風險

● 解答：C

5.小劉購買結構型債券時，發生投資銀行破產事件而蒙受鉅額虧損之風險，屬於何項風險？
A.信用風險
B.市場風險
C.流動型風險
D.作業風險

● 解答：A

6.依據規範，銀行應於簽訂不良債權買賣合約後，幾日內向金管會銀行局申報出售不良債權相關資料？
A.2 日內
B.5 日內

C.7 日內

D.10 日內

● 解答：B

7.依據規範，銀行對於同一關係企業所為擔保授信總餘額，
最多不得超過銀行淨值的多少比率？

A. 40%

B.5%

C.15%

D.3%

● 解答：A

8.依據規範，銀行對於同一法人所為無擔保授信總餘額，最
多不得超過銀行淨值的多少比率？

A.10%

B.5%

C.15%

D.3%

● 解答：C

第七章 資訊與其他業務內控要點

第一節 資訊業務內控要點

第二節 其他業務內控要點

◇ 網路銀行轉帳額度有何限制？
◇ 何謂 SSL 機制？
◇ 電腦機房有哪些規範應留意？
◇ 程式修訂與測試，有哪些應留意？

第七章 資訊與其他業務內控要點

第一節 資訊業務內控要點

網路銀行交易具有降低營運成本、提高服務品質、增加行銷管道、降低地緣限制等優點,但網路銀行之交易風險相對於臨櫃交易高出甚多,因此有賴安全防護配套措施的建構。商業銀行應針對訊息的完整性、隱密性、來源的辨識性、不可重複性、無法否認接收或傳遞訊息等六大項目建置防護或內控措施。

1. 關於網路銀行之安全控管機制,使用對象無論企業戶或個人戶皆可使用;包含 SSL 機制、SET 機制、Non-SET 機制等機制。其中 SSL 機制未採用電子憑證,使用者憑身分證字號、使用者代碼及個人密碼即可進入網路銀行。摘列網路銀行安全機制如下:

    ◇ SSL 機制:不需要客戶申請電子憑證申請,亦無法辨識使用者身分,相對而言安全性略低。

    ◇ SET 機制:採帳戶電子憑證;透過電子錢包,SET 是由網路認證公司所核發。

    ◇ Non-SET 機制:採身分電子憑證;屬於金鑰安控程式。

口訣：

- **N 起頭—Name(姓名身分)**：身分電子憑證，採取金鑰安控程式。
- **無 N 起頭**：非身分電子憑證、採帳戶電子憑證、即電子錢包方式。
- **SSL：XX**—無須電子憑證。
- 由於 SSL 機制不需要客戶申請電子憑證申請，因此使用上較為便利。相較之下 SET、Non-SET 機制都需有電子憑證。

必考：

- SSL 非約定帳戶之轉帳交易限額：
  - 每次最高 **5 萬元**
  - 每日最高 **10 萬元**
  - 每月最高 **20 萬元**
- 客戶端安控軟體：諸如個人電腦上之防毒軟體或 IE 等軟體皆是。
- 相較之下，電話語音系統僅能單向傳遞訊息；但網路銀行較能雙向傳遞訊息。

2. 依規範，電子金融交易所稱的約定轉入帳戶，屬於低風險的交易，因為客戶已預先臨櫃辦理作業並簽名申請。相對而言，網路銀行交易的風險較高，因為可能出現帳號密碼被盜用或遭駭客入侵轉帳等風險。

3. 電子銀行業務的訊息傳輸途徑，可經過行動網路、網際網路或金融機構專屬網路等。臨櫃辦理跨行匯款並非訊息傳輸途徑。

4. 關於金融機構電腦系統之開發及維護，應符合以下規範要求：

- 實施前(上線前)應由原程式設計人員以外人員進行測試或核對測試結果並留存紀錄。

- 作業轉換計畫，應視需要包含關聯作業的調整。

- 各種程式文件均指定專人保管、存取時並登記控管。

- 已經實施或上線的系統作業，其程式的修改需經過申請、核准與驗收程序，並留存紀錄。

5. 有關電腦主機的操作及作業，應遵循以下規範：

- 電腦機房每班輪值人數至少 2 人。

- 非例行作業處理應經主管核准。

- 機房內應設置操作日誌，記載開關機等紀錄。

- 控制台及周邊設備應僅限輪值操作員操作；不得由其他人員操作。例如：不得由程式設計人員操作。

- 對於主機所執行之查核，可透過調閱系統運作記錄或調閱控制台記錄進行查核確認。

6. 有關主機操作及作業處理，應符合以下規範要求：

- 例行作業應依照預定排程處理。

- 操作發生異常狀況應予記錄。

- 電腦作業系統運作紀錄或控制台操作紀錄、應保存

適當期間。

● 並未限制控制台及週邊設備僅限程式設計人員使用。

● 傳輸線路的隱密性並非是控管離線風險的唯一方法。

7. 金融機構營業單位可能產生以下的電腦犯罪手法：

● 騙取主管卡進行非法交易。

● 趁同事尚未簽退時，非法輸入交易資料。

● 偽造憑證擅自進行轉帳交易。

● 犯罪手法不包含結帳後輸出報表，但結帳後若私自印製報表、可能有個人資料保護缺失。

8. 銀行資料庫檔案管理，應符合相關規範：

● 檔案的建立、維護與刪除皆須經過申請、核准及驗收程序。

● 重要檔案的使用者，需要保留紀錄。

● 正式作業程式與測試作業程式，都應該分開管理，以免誤用。

● 重要檔案或機密檔案，應該有使用者帳號密碼或存取控制管制。

9. 依據機房門禁管制規定，值班(輪班)操作員進出機房不用登記進出時間；但諸如稽核人員、資料管制員或系統維護員皆需要登記進出機房時間。

10. 各分行的電腦設備管理，應該符合以下規範：

● 端末機使用者應該定期變更密碼。

● 廠商前來分行維護電腦設備時，應該指派專人陪同

並且登記控管。

- 不可以 2 人或多人共用一個使用者代號或帳號。
- 端末機操作人員暫時離機或離線，應該執行簽退 (sign off)。

11. 關於銀行資訊部門組織與管理之查核，應留意以下事項：

- 職掌明確而且符合相互牽制原則。
- 針對調職、離職或留職停薪人員，應取消其使用者帳號及密碼。
- 操作人員不得兼任程式撰寫。
- 各程式文件應該指定專人保管。
- 系統實施前，原設計人員測試無誤後，仍需其他使用者或操作人員測試無誤後，方能正式上線。
- 系統開發、設計、測試以及檔案資料、程式命名、說明文件撰寫等各項目都應該標準化。
- 程式修改時，需要填寫申請書並經過相關主管核可後才能執行。
- 程式修改後，必須由換版人員(更換程式版本人員)利用電腦與原程式進行比對，並產出報表供主管覆核。
- 銀行 E 化後，使得銀行之資料處理可以無紙化、主管卡或授權密碼將取代簽名或蓋章、並可讓許多處理程序步驟集中在一個部門內。
- 為了查核操作人員或職員是否執行非法的工作，可以透過保留系統運作紀錄或控制台操作紀錄等方式保

留稽核軌跡，以利後續查核。

● 連線管理人員不得兼任應用系統程式維護人員。

● 變更程式、應該留存測試及程式變更前後之內容。

● 重要資料檔案，應該存放異地備援。

● 針對非例行性批次作業，必須經過申請核准才能執行。

12. 為防範駭客入侵竊取資料，關於網際網路連線之資訊通訊安全，應遵循以下規範要求：

● 對於電腦系統修補程式，應立即安裝以彌補安全缺漏。

● 系統預設的密碼應刪除並定期變更。

● 機密資料不得在網際網路平台上存放。

● 內部網路與網際網路不應直接連結。

第二節　其他業務內控要點

一、洗錢防制法：

1. 金融機構對於疑似洗錢交易，應向**法務部調查局**申報。

2. 依據洗錢防制申報辦法規定，百貨公司、餐飲旅館業或交通運輸業者基於業務需要，得將名單轉送法務部調查局核備，可免逐次確認及申報。但高洗錢風險行業，諸如：銀樓、當鋪、地下錢莊等，則不能適用事先核備制度。

3. 依據洗錢防制申報辦法，應遵循以下規範：

■ 申報紀錄及憑證至少需保管 5 年。

■ 對於明顯重大緊急之疑似洗錢交易，金融機構得以傳真或其他方式申報。

■ 對於疑似洗錢交易，金融機構應確認客戶身分及留存交易紀錄憑證。

■ 信用卡公司也需要辦理洗錢申報。

二、民法及相關法規

1. 民法

● 依據民法規定，因侵權行為所生之損害賠償請求權時效期間，自請求權人知有損害及賠償義務人時起，至遲 2 年間不行使而消滅。

2. 強制執行法

● 依據強制執行法之規範，依照民事訴訟法成立的調解或和解、法院確定之終局判決、假扣押、假處分或假執行之裁判等，皆得強制執行。但是單純依據買賣契約，無法辦理強制執行。

3. 金融消費者保護法

● 依據金融消費者保護法規定，金融服務業應於收受申訴之日起 30 日內為適當之處理，並將處理結果回覆消費者。

4. 票券金融管理法與票券業務規範

● 票券商辦理票券業務，應遵循票券金融管理法。

● 依據票券商業務規範，票券商業務人員異動時，應該在**異動後 20 日內**向票券商公會申報登記。

- 票券業務人員應遵循：業務人員不得協助客戶保管短期票券、不可將拒絕往來處分的商業本票賣給他人、避免配合客戶要求安排特定人交易、避免承作證券商以票券提供質押之關係人授信交易。
- 票券業務人員僅得依據客戶委託事項及條件，執行票券之買賣行為。

三、證券交易法規相關

1. 證券承銷商協助企業承銷有價證券時，需提供發行人(企業)公開說明書供投資人審閱參酌。

2. 已依證券交易法發行股票之公司，得依章程規定設置獨立董事，獨立董事人數不得少於 2 人，且不得少於董事席次的 1/5。

3. 證券商辦理有價證券融資融券，每種證券之融資總額，不得超過證券商淨值的 10%。

4. 辦理有價證券買賣交易及保管業務，仍應遵循以下要點：
   - 銀行須留意交易對象是否為人頭戶。
   - 空白單據之保管領用，應有周延牽制控管。
   - 對於購入有價證券交割前，均有確實認證。

5. 內線交易管理：依據證券交易法，持有公司股票超過 10%的股東，實際知悉發行公司之影響股價之重大訊息時，在消息明確後、未公開或公開後 **18 小時內**，不得自行或以他人名義買賣股票。
   - 內線交易之規範適用範圍，涵蓋所有上市上櫃

公司股票、公司債、存託憑證、權證等金融商品；未上市上櫃之公開發行公司不在規範之內。

四、其他法條規範摘錄

1. 銀行法條規範摘錄

   第 34 條

   銀行不得於規定利息外，以津貼、贈與或其他給與方法吸收存款。但對於信託資金依約定發給紅利者，不在此限。

   第 35 條

   銀行負責人及職員不得以任何名義，向存戶、借款人或其他顧客收受佣金、酬金或其他不當利益。

2. 金控公司之**短期資金運用**，以下列為限：

   ◇ 存款或信託資金。

   ◇ 公債或金融債券。

   ◇ 國庫券或可轉讓定期存單。

   ◇ 銀行保證或承兌或符合信評標準之商業票據。

   ◇ 短期資金運用不包含投資債券型基金或其他基金。

五、金融市場要點規納

1. 金融市場架構：

- 貨幣市場：一年期以下，短期票券、附條件交易(附賣回 RP、附買回 RS)與拆放款市場。
- **資本市場(證券市場)：一年期以上，股票市場與債券市場為主軸。**
- 外匯市場：外匯交易。
- 衍生性金融商品市場：由貨幣市場、資本市場與外匯市場標的所衍生出來的商品；例如期貨與選擇權市場。
- 存放款市場：包含銀行承作活存、定存、定儲與放款等業務。

2. 金融市場工具部分摘錄：

- 貨幣市場工具包含：一年期以內之債券、一年期以內商業承兌匯票、一年期以內中央銀行國庫券等。貨幣市場工具不包含債券換股權利證書。
- 有價證券包含國庫券、商業本票與受益憑證等，但取款憑條並非有價證券。
- 可轉讓定期存單不得辦理中途解約。
- 銀行與客戶承作債券附條件交易，約定買回或買回之期限不能超過一年。
- RP 交易(附買回交易)：為銀行或票券商的資金來源，屬於銀行或票券商的負債操作，會計科目為附買回負

債。銀行或券商先從客戶端取得資金，等到約定到期日時將客戶的資金及利息給付予客戶。

- 附買回(銀行或券商需要錢)：投資人向票券商或銀行買進，特定日再由票券商或銀行買回。

- 附賣回(投資人需要錢)：票券商或銀行向投資人買進，特定日票券商或銀行再賣回給投資人。

- 銀行承兌匯票：企業提供簽發的匯票，並委託銀行為付款人並經銀行承兌(承諾兌現)。

- 外國有價證券包含外國認股權證、外國存託憑證、外國指數股票型基金(ETF)；但不包含外國遠期契約，因其屬於衍生性金融商品。

考題摘錄：

1. 對於銀行來說，下列哪一種支付工具的風險較高？

    A. 電子錢包

    B. 現金儲值卡

    C. 金融卡支付

    D. 信用卡

●   解答：D

●   信用卡容易被盜刷或違約不繳款，而且信用額度較高

2. 銀行提供電子轉帳交易時,安全機制若不具備無法否認傳遞及接收訊息之功能,則其金鑰長度至少須達多少位元？

    A. 128 位元

    B. 256 位元

    C. 512 位元

    D. 1024 位元

●   解答：B

3. 有關強化網路安全與資料安全，下列敘述何者錯誤(複選題)

    A. 2 位員工共用一組帳號密碼

    B. 高階主管之權限不須控管

    C. 透過電子郵件寄送客戶資料或內部資料應加密處理

    D. 系統使用紀錄應留下交易軌跡

E.僅須透過不定期查核網路安全即可

● 解答：A、B、E

4.商業銀行投資於每一股票發行公司之股份總額，不得超過該發行公司已發行股份總數的多少比率？

A. 10%

B. 5%

C. 3%

D. 15%

E. 20%

● 解答：B

5.銀行投資於公債及國庫券以外之各種有價證券之總餘額，不得超過所收存款總餘額加計金融債券發售額度的多少比率？

A. 15%

B. 25%

C. 30%

D. 35%

E. 10%

● 解答：B

第八章 考試要點與模擬考題解析

第一節 考試要點精華

第二節 模擬考題與考題解析(內控內稽)

第三節 模擬考題與考題解析(法規)

第八章 考試要點與模擬考題解析

第一節 考試要點精華

一、商業銀行得投資有價證券之種類及限額規定

  1. 銀行承作附買回或附賣回債券之承作期限不得超過 1 年。

  2. 依據主管機關規定，銀行投資在每一公司股票總額 ≦ 5% x 被投資公司已發行股數

  3. 銀行投資於國內外有價證券之總額 ≦ 25% x (所有存款 ＋金融債券)-----商業銀行投資有價證券之餘額不得超過存款總餘額加計金融債券發售額度之和的 25%。可投資之有價證券項目，包含公債、國庫券、央行可轉讓定期存單或儲蓄券等。

二、商業銀行得投資有價證券之種類：

  1. 公債、金融債券

  2. 信用評等達一定等級以上的公司債

  3. 短期票券

  4. 信用評等達一定等級以上的私募股票

  5. 國際性或區域性金融組織發行的債券

  6. 集中交易市場(上市)及店頭市場(上櫃)的股票及特別股

  7. 依法發行的基金、認股權證等

  8. 中央銀行可轉讓定期存單。

9. 依據法規，銀行不得投資未上市未上櫃公司股票。

10. 依據銀行法規規定，商業銀行可投資的國內外有價證券種類包含短期票券、固定收益特別股、區域性銀行發行之金融債券。

11. 銀行以附賣回條件買入短期票券及債券之餘額，不應納入投資有價證券之限額內。

12. 銀行投資於每一發行公司之金額≦5% x 已發行股份總數。商業銀行投資在店頭市場交易股票(上櫃股票)及認股權憑證、認購(售)權證、特別股、私募股票及公司債等各標的之原始取得成本總額，不得超過 5%。

13. 金融資產的變現能力風險或無法以合理價格賣出(軋空)部位所產生的風險屬於流動性風險。

14. 債券型基金投資並非屬於金控公司之短期資金運用。

15. 保管銀行對於資產交割作業之書面資料，除應按時送交投信公司外，並須保存≧1 年。

小叮嚀：

1. 未上市股票不可投資

2. 期貨與選擇權等衍生性金融商品並非有價證券投資之範圍。

3. 衍生性金融商品交易包含遠期契約、期貨、選擇權、交換契約等，但國內外基金或 ETF 並非衍生性金融商品，屬於基金商品喔。

4. 商業銀行不得投資非自用不動產。

三、銀行從事衍生性金融商品交易，應留意以下事項：

1. 並非單純依照名目本金衡量信用風險。

2. 可透過抵押品或投保保險來降低信用風險。

3. 銀行應該在財務報表上揭露衍生性金融商品交易狀況。

4. 衍生性金融商品交易較為複雜、潛在風險高於傳統金融業務，而且不容易衡量風險。

四、銀行內控內稽

1. 銀行之外部稽核(查核)，包含以下單位：金管會檢查局、中央銀行、國稅局、財政部、會計師查核等。

2. 銀行業簽證會計師請辭，監察人應深入了解。

3. 依據巴賽爾銀行監理委員會原則，應由銀行董事會監督銀行之法遵制度。

4. 銀行董事會職責：核定銀行組織架構且應定期評估管理階層發展計畫。

5. 銀行高階管理階層職責：負責訂定政策與程序。

6. 銀行內控聲明書：**應於每年3月底前制定**，不需監察人聯合出具。

五、存放款與櫃檯業務內控

1. 金融機構若發現警示帳戶衍生的管制帳戶，除了註記以外，並應採取限制使用提款卡及限制語音(網路)轉帳等交易管制。

2. 網路銀行約定轉帳：可排除傳遞及接受訊息無法確認之安全問題。

3. 銀行出售不良債權，應在簽訂買賣合約後5日內，向主管機關申報。

4. 空白取款單(憑條)並非空白單據。

5. 銀行針對同類型之結構型商品交易：招攬過程只需要逐次請客戶簽屬書面同意即可，不需要逐次宣讀重要內容並錄音。同類型之結構型商品之判別，包含商品結構、幣別與連結標的都需相同。

6. 若屬於紅燈交易，應經過上級主管書面同意才可以推薦給客戶。

7. 出納業務可保管現金、有價證券及票據等，但不包含傳票之保管。

8. 扣押存款，應依照法院之扣押命令辦理。

9. 偽鈔在200美元內，可直接作廢。

10. 匯款業務不需查詢身分證請領紀錄。

11. 銀行各分行應該每日指定人員觀看ATM監視帶。

六、定存定儲到期續存

1. 定存到期續存→1個月內仍自原到期日起息。

2. 定儲到期續存且新定存期限(≦1年)→1個月內仍自原到期日起息。

3. 定儲到期續存定儲或轉存定存(≧1年)→2個月內仍自原到期日起息。

4. 轉存利息依據：依據轉存日適用之存款利息計算。

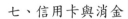

七、信用卡與消金

　　1. 消金常見缺失：

- 擔保品不良
- 客戶資料建檔有誤
- 授權人員授權不足

　　2. 針對從事高額異常偽卡交易及融資變現異常消費之特約商店，應提報予聯合信用卡中心。

　　3. 信用卡風控人員應確實逐筆核對持卡人限額限次資料更正紀錄及調整授權紀錄。

　　4. 銀行信用卡預借現金作業並非屬於發卡作業，屬於帳戶管理作業。

　　5. <u>發卡機構對於爭議款項，應於受理後 2 週(14 日內)回覆進度與狀況。</u>

　　6. <u>信用卡公司或銀行信用卡部門變更循環信用方式，應於 2 個月前通知客戶。</u>

　　7. 銀行對於信用卡或現金卡之推動，禁止對學生族群推動信用卡或現金卡。

　　8. 消金授信包含商品規劃、行銷策略、授信評估、帳戶管理、風險控管、績效評估、債權收回與呆帳提列等階段。

　　9. 銀行或發卡機構應每半年針對已核發之現金卡辦理覆審。

八、票券與票據

1. 票券公司之本業為短期票券業務，若欲投資於共同基金，應經董事會通過並送金管會核准。

2. 依據票券金融法規，發行人未經信評之票券，票券公司或銀行不得承銷。

3. 票券業務員若有異動，應於 20 日內向公會申報。

4. 辦理有價證券交割時，若發現有價證券遭受變造情事，應通報主管機關查處。

5. 銀行承作票據貼現(票貼)，僅限於未到期承兌匯票或本票；不包含支票之貼現。

6. 退票後之清償贖回註記，需在受理後 2 營業日內轉票據交換所辦理。

7. 票據止付：應在 5 天內提出公示催告證明。

8. 為確保票券業務之交易安全，金融機構買入商業本票時應注意以下事項：

   ■ 應確實核對認證商業本票保證章

   ■ 應確實確認交易對手與交易內容

   ■ 應注意付款支票之受款人是否為交易的另一方

   ■ 應開具有抬頭或禁止背書支票付款

九、放款授信

1. 依據銀行法規定，銀行對於個別利害關係人的每筆或累計授信金額達 1 億元或達銀行淨值的 1%時，該授信案必須經過董事會 2/3 以上董事出席、並經出席董事 3/4 以上同意。

2. 逾期欠款≧6 個月，應該在 3 個月內轉銷呆帳。

3. 對於利害關係人之 擔保授信限制 ：對同一法人之擔保授信總餘額不得超過各該銀行淨值 10%；對同一自然人之擔保授信總餘額不得超過各該銀行淨值 2%。

4. 銀行對於法人之授信限額規範如下：

- 同一**法人**擔保授信總餘額≦15%x 銀行淨值
- 同一**法人**無擔保授信總餘額≦5%x 銀行淨值
- 同一**關係人**之**無擔保**授信總餘額≦10%x 銀行淨值
- 同一**關係企業**之**無擔保**授信總餘額≦15%x 銀行淨值
- 同一**關係人或關係企業**之授信總餘額≦40%x 銀行淨值
- 同一**公營機構**之授信總餘額≦銀行淨值

5. 銀行對於**個人(自然人)**之授信限額規範如下：

- **同一自然人授信總餘額≦3%x 淨值**
- **同一自然人無擔保授信總餘額≦1%x 淨值**
- 同一自然人(關係人)授信**總**限額≦6%x 淨值
- 同一自然人(關係人)無擔保授信限額≦2%x 淨值

6. 放款金額撥款，不得以現金支付，應存入銀行帳戶內或轉入指定帳戶。

7. 透過電話催收時，錄音檔案資料應至少保存半年以上。

8. 親訪催收或電話催收時，不可對第三人催收。

9. 授信管理中的戴補事項登記簿，主要記載授信案件之缺漏不全情形，屬於帳戶管理。

10. 授信政策準則之遵循：屬於稽核人員稽查分行消費金融業務之重點

11. 通常授信時，會考量借款人的負債比，通常規範如下：(可動用額度＋無擔保債務)/每月收入<22

12. 依據銀行公會徵信準則，個人授信總額達 2,000 萬元，應徵提(要求提供)個人報稅資料核驗。

13. 企業授信≧3,000 萬，應徵提會計財務查核簽證報告。

14. 企業中長期授信餘額超過 2 億元，申貸時應加送(徵提)現金流量表及預估資產負債表。

15. 應收帳款承購業務之授信對象為還款人。

16. 間接授信：包含保證、承兌與信用狀等。

17. 金控公司對於利害關係人授信或背書達到一定金額或比率時，應於每季後 30 日內向主管機關申報並透過網路揭露。(1 月，4 月，7 月，10 月)

18. 發出支付命令後，最慢應於 3 個月內送達債務人，否則失其效力。法院保證金不會期滿自動退回。

19. 為防範冒貸案，應健全徵信、授信及追蹤考核制度。

20. 銀行授信部門應建立授信歸戶制度。

21. 聯貸案件若欲出售債權，應由參貸行共同決定。

22. 授信風險評估應包含客戶之居住處所(戶籍、寄居)，個人電話或家人電話等。

23. 授審會不負責鑑價，只負責審查較高額的授信案件。

十、授信區分等級以及各需提列之呆帳比率：

正常授信 提列呆帳：1%	應予注意 提列呆帳：2% 足額擔保≦1年；無擔保1~3個月	可望收回 提列呆帳：10% 足額擔保>1年；無擔保3~6個月	收回困難 提列呆帳：50% 無擔保6~12個月	收回無望 提列呆帳：100% 無擔保≧1年

十一、延滯放款之分級管理：

M0 延滯1個月內	M1 延滯1~2個月	M2 延滯2~3個月	M3 延滯3~4個月	M4 延滯4~5個月	M5 延滯5~6個月	M6 延滯>6個月

十二、催收款項之分級

MO級	M1級	特催級
延滯30日以內	延滯31~60日以內	延滯61日以上；得外訪催收

十三、信用卡呆帳之分級管理

正常繳款	逾期未繳1~3個月	逾期未繳3~6個月	逾期未繳≧6個月
	呆帳：墊款金額x2%	呆帳：墊款金額x50%	呆帳：墊款金額x100% *3個月內轉銷

十四、現金卡呆帳之分級管理

正常繳款

逾期未繳≧6個月
呆帳：墊款金額x100%
*3個月內轉銷

十五、免除保密義務

1.銀行應善盡個人資料保護責任。

2.對於大額的呆帳客戶可以免除保密義務。

3.金額標準為累積呆帳金額≧5,000萬或半年內累計呆帳金額≧3,000。

十六、基金與信託

1.保管銀行長期信用評等需在 BBB-以上。

2.以開發為目的之土地信託業務，應經受益人同意(2/3以上受益人出席；1/2以上決議)。

3.信託業辦理集合管理及運用業務，流動資產需至少達

5%。

4.向銀行購買基金，係由銀行以受託人名義投資基金。

十七、外匯、證券與其他：

1.公司經營是在可接受風險下，追求最大利潤。因此任何商品經營皆須同時掌握風險與收益(報酬)。

2.外匯指定銀行辦理即期外匯交易，應在 2 個營業日交割。

3.證券商持有證券之評價基礎：依照結束日之收盤價評價。

4.融資融交易之總融資金額需小於證券公司淨值的 2.5 倍。

第二節 模擬考題與解析-內部控制與內部稽核

銀行內稽內控考試為四選一選擇題(單選題)；本書為提高難度並提升讀者實力，納入部分複選題並增加少數五選一、六選一或七選一選擇題。

1. 關於內部控制制度之持續監控方式應由何者執行？
   A.內部稽核
   B.各單位管理階層與員工
   C.法令遵循部門員工
   D.各分行管理階層與員工

● 解答：B

2. 關於內部控制制度之個案監控方式應由何者執行？
   A.內部稽核
   B.各單位管理階層與員工
   C.法令遵循部門員工
   D.各分行管理階層與員工

● 解答：A

3. 銀行之法令遵循主管，至少每隔多久應向董事會及監察人報告？
   A.每月

B.每季

C.每半年

D.每年

● 解答：C

4. 銀行分行櫃員當日結帳後，若發現現金金額有多餘，應以何項會計科目列帳？

A.其他應付款

B.其他應收款

C.其他收入

D.其他費用

● 解答：A

5. 銀行金庫之鑰匙及密碼，應該如何管理，以符合內部牽制原則？

A.分別由不同二人執管

B.均由部門主管或指定主管保管

C.二人執管但可互為職務代理人

D.職務代理人可為夫妻關係

● 解答：A

6. 銀行發現客戶以偽造身分證臨櫃辦理開戶，應立即通報下列哪一個單位？

A.銀行公會

B.各縣市警察局

C.金融評議中心

D.金融聯合徵信中心

● 解答：D

7. 依據強制執行法規定，可得強制執行之名義包含以下那些？(複選題)

A.存證信函

B.確定之最終判決

C.公證書

D.債權憑證

● 解答：B、C

8. 銀行對於個人授信，若借款人在整體金融機構總授信金額達多少金額時，應徵提其報稅資料？

A.2000 萬

B.3000 萬

C.5000 萬

D.1 億元

● 解答：A

9. 銀行辦理企業授信，若企業歸戶後總授信金額達多少金額時，銀行應要求財務報表經會計師簽證。

A.2,000 萬

B.3,000 萬

C.5,000 萬

D.1 億元

● 解答：B

10.外匯指定銀行至少應該在營業場所揭露那些幣別的外匯存款利率？(複選題)

A.瑞士法郎

B.加幣

C.紐幣

D.人民幣

E.歐元

● 解答：A、E

11.依據信託法規定，銀行信託部(受託人)至少應每年幾次做成信託財產目錄，並編製收支計算表提供予何人？(複選)

A.一次、受益人

B.二次、委託人

C.一次、受託人

D.二次、受益人

E.一次、委託人

● 　解答：A、E

12.銀行辦理財富管理業務應以提供諮詢意見為主，服務範圍可包括哪些項目？(複選題)
　A.信託業務
　B.保險業務
　C.基金業務
　D.所有銀行業務

● 　解答：A、B、C

13.銀行辦理財富管理業務應遵循以下項目，何者正確？
　A.銀行應保證最低收益
　B.銀行對於可疑交易或不尋常交易，應立即通報
　C.銀行應訂定客戶最低往來金額及條件
　D.銀行財富管理人員需要符合每年教育訓練時數要求，證照數量應達到五張以上

● 　解答：B

14.下列何者屬於消費金融商品項目？(複選題)
　A.貼現
　B.帳戶透支

C. 股票質押貸款

D. 信用卡預借現金

E. 信用貸款

F. 汽機車貸款

G. 企業耐久財貸款

● 解答：A、B、C、D、E、F

15. 貸款申請人透過變造或冒用他人身分證及財產資料文件，以便辦理貸款或信用卡，屬於何種詐欺類型？(複選題)

A. 假消費真刷卡

B. 偽冒申請

C. 取得未達卡

D. 人頭貸款

E. 盜領貸款

F. 偽造卡

● 解答：B、D

16. 有關強化網路安全與資料安全，下列敘述何者錯誤？(複選題)

A. 2 位員工共用一組帳號密碼

B. 高階主管之權限不須控管

C. 透過電子郵件寄送客戶資料或內部資料時，應予加密處理

D.系統使用紀錄應留下交易軌跡

E.僅須透過不定期查核網路安全即可

● 解答：A、B、E

17.依據規範，銀行營業單位(分行)發生重大弊端或缺失時，
下列核單位有懲處建議權？

A.法令遵循部

B.業務部

C.資訊室

D.分行經理

E.稽核單位

● 解答：E

18.依據規範，銀行應該至少多久辦理一次一般自行查核？

A.每月

B.每季

C.每半年

D.每年

● 解答：C

19.依據規範，銀行應該至少多久辦理一次專案自行查核？

A.每月

B.每季

C.每半年

D.每年

● 解答：A

20.依據我國洗錢防制法令規範，銀行對於單筆現金收付達
到台幣多少元以上時，應確實核對客戶身分並於電腦上
登錄資料。

A.50 萬元

B.100 萬元

C.150 萬元

D.200 萬元

● 解答：A

21.分行櫃員之抽屜或現金箱不得留存哪些項目？(複選題)

A.文具用品

B.櫃員私章

C.客戶私章

D.現金收付章

E.客戶存摺

● 解答：C、E

22.依據規範，關於空白單據之管理，下列敘述何者正確？（複選題）

A.應該設簿控管

B.領用及發送每周登記1次

C.下班後空白單據應由各經辦人員自行保管

D.尚未領用的存摺，應由主管預先簽章，以提升行政速度

E.空白單據應不定期盤點並做成紀錄

● 解答：A、E

23.對於櫃員存款業務內控，下列哪一種情形應進一步追查原因？

A.非存款櫃員或外務人員操作分行端末機並進行交易

B.櫃員收到鉅額現金，立即繳交出納主管

C.櫃員短暫時間外出，並經主管同意後外出

D.櫃員離開座位或外出，於端末機執行簽退手續

● 解答：A

24.在台灣並無住所之外國人，不得開立何種台幣存款帳戶？

A.支票存款

B.活期存款

C.定期儲蓄存款

D.定期存款

● 解答：A

25.關於存款印鑑卡之內部控制作業，下列敘述何者正確？
(複選題)
　A.印鑑遺失而申請更換時，應於申請書上簽蓋原印鑑
　B.啟用印鑑卡時，應經過主管人員核章
　C.應註明印鑑卡啟用日期
　D.應註明共幾式憑幾式有效(例如兩式憑一式)

● 解答：B、C、D

26.銀行對於逾期放款與催收款轉銷呆帳，應經過哪一個單
位核准？
　A.消金部門經理
　B.總經理
　C.總稽核
　D.董事長
　E.董事會

● 解答：E

27.依據中央銀行規範，多少台幣以上的等值外幣交易結匯
案件，應該詳實填寫外匯收支或交易申報書辦理申報？
　A.100 萬台幣

B.50 萬台幣

C.500 萬台幣

D.200 萬台幣

● 　解答：B

28.保管銀行辦理全權委託投資保管業務時，應以何者名義
　　開立投資買賣帳戶？

　A.受託人

　B.委託人

　C.保管人

　D.監察人

● 　解答：A

29.銀行對於一般投資客戶推薦銷售結構型商品時，至少應
　　提供幾日的審閱期間供客戶審閱商品契約條款？

　A.存續期間超過六個月者，至少需有七日審閱期間

　B.存續期間超過六個月者，至少需有十日審閱期間

　C.存續期間超過六個月者，至少需有五日審閱期間

　D.存續期間超過六個月者，至少需有三日審閱期間

● 　解答：A

30.依據規範,信用卡客戶之當期最低應繳金額超過指定繳
　款期限半年未繳足時,應該在多久以內,發卡機構將全
　部墊款金額轉銷呆帳處理?

　A.半年

　B.2 個月

　C.3 個月

　D.1 個月

　E.15 天

● 　解答:C

31.信用卡持卡人信用資料出現異常時,應該在限期內向哪
　一個機構申報?

　A.聯合信用卡中心

　B.銀行公會

　C.銀行局

　D.金融聯合徵信中心

　E.法務部調查局

● 　解答:D

32.下列何者非屬於衍生性金融商品?(複選題)

　A.國外基金

　B.ETF

　C.次順位債券

　D.國庫券

E. 遠期契約

F. 期貨

G. 選擇權

H. 交換契約

● 解答：A、B、C、D

33. 下列何者屬於貨幣市場金融工具？(複選題)

A. 國庫券

B. 銀行承兌匯票

C. 銀行可轉讓定期存單

D. 商業本票

● 解答：A、B、C、D

34. 小劉操作衍生性金融商品時，發生金融資產無法以合理價格賣出變現(軋平)之風險，屬於何項風險？

A. 信用風險

B. 市場風險

C. 流動型風險

D. 作業風險

● 解答：C

35.小劉購買結構型債券時，發生投資銀行破產事件而蒙受鉅額虧損之風險，屬於何項風險？

A.信用風險

B.市場風險

C.流動型風險

D.作業風險

● 解答：A

36.依據規範，銀行應於簽訂不良債權買賣合約後，幾日內向金管會銀行局申報出售不良債權相關資料？

A.2 日內

B.5 日內

C.7 日內

D.10 日內

● 解答：B

37.關於銀行對於網路非約定轉帳之金額限制，何者正確？（複選題）

A.每筆最高 3 萬元

B.每筆最高 5 萬元

C. 每日累積限額 10 萬元

D.每日累積限額 20 萬元

● 解答：B、C

38. 依據規範，銀行信用卡部門變更循環信用利息計算方式時，應多久前通知持卡人？

A. 60 天

B. 30 天

C. 90 天

D. 45 天

● 解答：A

39. 依據規範，銀行信用卡當期最低應繳金額超過繳款期限 6 個月者，應將墊款金額之多少比率轉列備抵呆帳？

A. 10%

B. 50%

C. 100%

D. 3%

● 解答：C

40. 依據規範，銀行對於企業總授信金額超過多少金額時，應徵提會計師財務報表查核報告？

A. 2 億

B. 5 千萬

C. 1 億

D. 3 千萬

● 解答：D

41.下列哪一項目並非屬於內部控制制度之主要範圍？（複選題）

A.職務代理制度

B.職務輪調制度

C.休假制度

D.員工旅遊

E.福利制度

F.分層負責制度

G.建立海外分行與總行的通報系統

H.保密防諜

I.噓寒問暖

● 解答：D、E、H、I

42.銀行分行應每隔幾天指定人員查看 ATM 之監視錄影帶？

A.每天

B.每 2 天

C.每 3 天

D.每 5 天

● 解答：A

43.依據規範，銀行指定銀行承作即期外匯交易，應該在幾
個營業日內辦理交割？

A.2 日

B.1 日

C. 3 日

D.5 日

● 解答：A

44.商業銀行投資非金融相關事業，對於每一企業之投資金
額，不得超過該企業已發行股份總數之多少比率？

A.20%

B.15%

C. 10%

D.5%

● 解答：D

45.金融業務電腦化後，對於稽核人員查核之最大影響為哪
一項？

A.作業分工的改變

B.交易或稽核軌跡的改變

C.分層負責授權的轉變

D.行政作業方式的改變

● 解答：B

46.依據規範，銀行對於同一自然人所為擔保授信總額，最多不得超過銀行淨值的多少比率？

A.10%

B.5%

C.15%

D.3%

● 解答：D

47.依據規範，銀行對於同一關係企業所為無擔保授信總額，最多不得超過銀行淨值的多少比率？

A.10%

B.5%

C.15%

D.3%

● 解答：C

48.依規定票據遺失時，權利人應該在提出止付通知後多少日內，向付款人提出已為聲請公示催告之證明？

A. 7 日內

B. 10 日內

C. 2 日內

D. 5 日內

49.資訊部門對於程式及資訊檔案之存取控管，下列何項方式最為有效？

A.建置存取控制軟體

B.設簿登記

C.制訂作業規範

D.監視錄影

50.主管機關對於銀行之財富管理客戶之金額門檻訂定金額為多少？

A.300 萬

B.50 萬

C.200 萬

D.未訂定門檻標準

第三節 模擬考題與解析-內部控制與內部稽核法規

　　銀行內稽內控考試為四選一選擇題(單選題)；本書為提高難度並提升讀者實力，納入部分複選題並增加少數五選一、六選一或七選一選擇題。

1. 依規範，何者屬於外部稽核或外部查核？
   A.一般自行查核
   B. 專案自行查核
   C. 一般內部稽核
   D. 專案內部稽核
   E. 會計師簽證查核

● 　解答：E

2. 依據規範，銀行哪一個單位或職位，負責核准並定期覆核整體經營策略及重大政策？
   A. 董事會
   B. 總經理
   C. 董事長
   D. 總稽核
   E. 管理部
   F. 風險管理委員會

● 　解答：A

3. 依據規範，針對銀行涉及舞弊案件或重大偶發事件，應該在多少期間內，將詳細資訊及處理情形函覆主管機關？

   A. 10 日內

   B. 20 日內

   C. 1 周內

   D. 2 周內

   ● 解答：C

4. 依據規範，初任銀行總稽核職位者，應該至少受訓多少小時？

   A. 10 小時

   B. 12 小時

   C. 15 小時

   D. 20 小時

   E. 30 小時

   F. 40 小時

   G. 50 小時

   ● 解答：B

5. 依據規範，初任銀行領隊稽核職位者，當年度應該至少受訓多少小時？

A. 10 小時

B. 12 小時

C. 15 小時

D. 19 小時

● 解答：D

6. 依據規範，銀行稽核部室對於內部稽核報告、工作底稿及相關資料，至少應該保存幾年？

A. 2 年

B. 3 年

C. 5 年

D. 10 年

E. 永久保存

● 解答：C

7. 依規範，設有保全之分行，保全防盜設施應該至少包含三道防線，其中第一道防線是指下列何者？

A. 各分行營業場所內部各空間及金庫外圍

B. 金庫室內

C. 各分行營業場所之門窗(含營業廳大門)

D. 各分行之櫃檯

● 解答：C

8. 依規範，設有保全之分行，保全防盜設施應該至少包含三道防線，其中第二道防線是指下列何者？

A. 各分行營業場所內部各空間及金庫外圍

B. 金庫室內

C. 各分行營業場所之門窗(含營業廳大門)

D. 各分行之櫃檯

● 解答：A

9. 依規範，設有保全之分行，保全防盜設施應該至少包含三道防線，其中第三道防線是指下列何者？

A. 各分行營業場所內部各空間及金庫外圍

B. 金庫室內

C. 各分行營業場所之門窗(含營業廳大門)

D. 各分行之櫃檯

● 解答：B

10. 依規範，關於銀行運鈔作業下列何者錯誤？(複選題)

A. 應委由合格保全公司運鈔

B. 運送過程中隨時停車下車察看

C. 運鈔路線應固定

D. 運鈔時間應固定

E. 可委由可信賴的同事單位保全人員

F. 可以普通自用車輛運送

● 解答：B、C、D、E、F

11. 依規範，企業中長期總授信金額若超過多少台幣時，該企業申辦貸款時應徵提預估現金流量表及預估資產負債表？

A. 2 億元

B. 5 億元

C. 2 千萬

D. 5 千萬

E. 1 億元

● 解答：A

12. 銀行投資於公債及國庫券以外之各種有價證券之總餘額，不得超過所收存款總餘額加計金融債券發售額度的多少比率？

A. 15%

B. 20%

C. 22%

D. 25%

E. 30%

● 解答：D

13. 商業銀行投資於每一股票發行公司之股份總額，不得超過該發行公司已發行股份總數的多少比率？

A. 10%

B. 5%

C. 3%

D. 15%

E. 20%

● 解答：B

14. 銀行對於存款客戶尚未領回的存摺，應該如何辦理內部控制措施？(複選題)

A. 應該分別由各經辦人員保管存摺，切忌僅由 1 人保管

B. 應設簿登記並交由指定主管集中保管

C. 應放置營業櫃檯，供客戶自行取用

D. 非營業時間應置放於金庫內，以確保安全

E. 應交由保全人員設簿保管存摺及提款卡

● 解答：B、D

15. 關於銀行之授信管理，下列何者正確？(複選題)

A. 落實覆審及考核追蹤

B. 所有授信案件應至少經過總經理核決

C. 落實事前徵信

D. 應進行對保作業

E. 落實內部稽核

F. 每月辦理自行查核

G. 應嚴禁行員與客戶存有資金往來

● 解答：A、C、D、E、F、G

16. 銀行應該採取哪些宣導措施，以避免客戶 ATM 金融卡遭受偽造盜領或遭到側錄？

A. 提醒客戶定期更換密碼

B. 提醒客戶操作 ATM 時，應該手遮蓋

C. 提醒客戶不要將密碼填寫在金融卡上

D. 提醒客戶初次領取金融卡時，務必立即變更密碼

E. 以上皆是

● 解答：E

17. 銀行為加強分行內外保全安全措施，關於錄影保存時間有何要求？(複選題)

A. 銀行 ATM 附近之錄影資料，至少應保存 1 個月

B. 銀行 ATM 附近之錄影資料，至少應保存 2 個月

C. 銀行開戶櫃檯之錄影資料，至少應保存 1 個月

D. 銀行開戶櫃檯之錄影資料，至少應保存 2 個月

E. 銀行之財富管理區域之錄影資料，至少應保存 2 個月

● 解答：B、D

18. 關於便利商店接受銀行委託代收款作業，下列哪些規範正確？(複選題)

    A. 便利商店代收款金額上限為 2 萬元

    B. 便利商店代收款金額上限為 3 萬元

    C. 便利商店職員收款時應以銀行名義收款並感謝客戶

    D. 便利商店職員之品德操性應經過審慎評估

● 解答：A、D

19. 依據規範，銀行大股東若每筆或累計授信金額超過 1 億元時，董事會之決議比例有何規定？

    A. 3/4 以上董事出席及出席董事 1/2 以上同意

    B. 3/4 以上董事出席及出席董事 2/3 以上同意

    C. 1/2 以上董事出席及出席董事 2/3 以上同意

    D. 1/2 以上董事出席及出席董事 1/2 以上同意

● 解答：B

20. 依據金融控股公司法所訂定之罰鍰規範，若銀行逾期未繳納罰款時，自逾期日起，每天加收多少滯納金？

    A. 2%

    B. 3%

    C. 4%

    D. 1%

● 解答：D

21. 銀行新聘用之分行經理，應參與稽核部室的查核實習，
　　而且查核項目至少須達幾項？

　　A. 5 項

　　B. 10 項

　　C. 4 項

　　D. 2 項

● 解答：C

22. 依規範，銀行對於重大偶發事件，應在多久之期限內將
　　詳細資料或後續處理情形函報銀行局？

　　A. 1 個月

　　B. 2 個月

　　C. 10 天內

　　D. 1 週內

　　E. 20 天內

● 解答：D

23. 關於稽核人員基本資料之申報作業，下列敘述何者正確？
　　(複選題)

　　A. 每年 1 月底前申報

　　B. 應透過網際網路系統申報

　　C. 人員資格條件若有違反規定，應於 2 個月內改善

D. 申報前應檢查稽核人員資格條件是否符合規定

● 解答：A、B、C、D

24. 對於疑似洗錢之交易，應項哪個單位申報？
    A. 金融聯合徵信中心
    B. 法務部調查局
    C. 中央健保署
    D. 中央銀行
    E. 銀行局
    F. 銀行公會

● 解答：B

25. 依據規範，票券商業務人員若有異動時，票券商應於異動後多久之內，向票券商公會申報登記？
    A. 10 天內
    B. 20 天內
    C. 30 天內
    D. 7 天內

● 解答：B

26. 為防止弊端，會計業務主管不宜兼任下列哪一項職務？
    A. 放款業務主管

B. 存款業務主管

C. 火險業務主管

D. 開戶櫃檯主管

● 解答：A

27. 依據證券交易法關於內線交易規範，實際知悉發行公司重大影響股價訊息時，應於未公開前或公開後多少小時內，禁止買賣股票？

A. 48 小時

B. 24 小時

C. 18 小時

D. 12 小時

● 解答：C

28. 依規範，若客戶申訴存款餘額不符，而且確認屬於金融卡盜領案件，銀行應將交易資料送交財金資訊公司核對，並應於受理申訴後幾日內查證完畢並補足差額款項？

A. 5 日

B. 10 日

C. 2 日

D. 7 日

● 解答：C

29. 若發現詐騙嫌犯以偽造身分證開立存款帳戶時，應立即向哪一個單位通報並轉知各金融機構注意？

A. 銀行局

B. 銀行公會

C. 法務部調查局

D. 警察局

E. 金融聯合徵信中心

● 解答：E

30. 下列何者屬於金融體系之外部稽核？

A. 檢查局查核

B. 銀行稽核室查核

C. 分行人員自行查核

D. 法遵部門定期查核

● 解答：A

31. 內部控制制度聲明書應由哪些人員聯合出具，並揭露於網站並辦理公告申報？

A. 董事長、總經理、監察人、總稽核

B. 董事長、總經理、監察人、總稽核、法令遵循主管

C. 董事長、總經理、總稽核、法令遵循主管

D. 董事長、監察人、總稽核、法令遵循主管

● 解答：C

32. 下列哪一項目可由分行會計主管保管？
    A. 有價證券
    B. 待交換支票
    C. 客戶存摺及金融卡
    D. 通匯密碼

● 解答：D
● 其他項目主要由出納人員保管，以減少弊端並落實職能分工。

33. 依規定票據遺失時，權利人應該在提出止付通知後多少日內，向付款人提出已為聲請公示催告之證明？
    A. 7 日內
    B. 10 日內
    C. 2 日內
    D. 5 日內

● 解答：D

34. 綜合存款指存款商品結合那些商品之功能？(複選題)
    A. 定期存款
    B. 活期存款
    C. 票據貼現
    D. 證券集保存摺

E. 擔保放款

F. 信用放款

● 解答：A、B、E

● 綜合存款除了可以擁有活存、定存功能，也可以有透支定期存款的部分金額喔，因此包含活存、定存與擔保放款(定存質押放款)。

35. 下列哪一個項目屬於民事保全程序？(複選題)

A. 假扣押

B. 假處分

C. 假訴訟

D. 申請參與分配

● 解答：A、B

36. 依規定，金融機構放款超過清償期一定期間而未獲清償就應列入催收款項科目？

A. 9 個月

B. 6 個月

C. 3 個月

D. 12 個月

● 解答：B

37. 下列證券公司之何種職務安排，不符合內部控制原則？
    A. 空白票券印妥後放置金庫內
    B. 作廢交易單或成交單應保留並定期銷毀
    C. 應定期盤點庫存票券
    D. 前台交易員兼任後台交割人員

    ● 解答：D
    ● 前台兼任後台就可以由一人操控假帳戶及假交易喔。

38. 銀行兼營信託業務時，應成立信託財產評議委員會，並須多久評審一次信託財產？
    A. 2 個月
    B. 3 個月
    C. 4 個月
    D. 6 個月

    ● 解答：B

39. 對於銀行來說，下列哪一種支付工具的風險較高？
    A. 電子錢包
    B. 現金儲值卡
    C. 金融卡支付
    D. 信用卡

    ● 解答：D
    ● 信用卡容易被盜刷或違約不繳款，而且信用額度較高

40.銀行提供電子轉帳交易時,安全機制若不具備無法否認傳遞及接收訊息之功能,則其金鑰長度至少須達多少位元?

A. 128 位元

B. 256 位元

C. 512 位元

D. 1024 位元

● 解答:B

41.依據銀行法規定,長期授信指授信期間超過幾年?

A.30 年

B.7 年

C.10 年

D.20 年

● 解答:B

42.依據規範,銀行對於同一關係企業所為擔保授信總額,最多不得超過銀行淨值的多少比率?

A.10%

B.40%

C.15%

D.3%

● 解答：B

43.依據規範，銀行對於同一自然人所為擔保授信總額，最
　　多不得超過銀行淨值的多少比率？

　　A.10%

　　B.5%

　　C.15%

　　D.3%

● 解答：D

44.依據規範，銀行對於同一關係企業所為無擔保授信總額，
　　最多不得超過銀行淨值的多少比率？

　　A.10%

　　B.5%

　　C.15%

　　D.3%

● 解答：C

45.依據規範，銀行對於法令遵循作業之自行查核頻率有何
　　規定？

　　A.每月1次

　　B.每季1次

　　C.每半年1次

D.每年 1 次

● 　解答：C

46.依據規範，銀行對於企業用建築所辦理之中長期放款，
　放款期限最長多久？
　A.20 年
　B.30 年
　C.10 年
　D.40 年

● 　解答：B

47.依據規範，全職學生申辦信用卡有何限制？
　A. 2 家，額度 2 萬
　B. 2 家，額度 3 萬
　C. 3 家，額度 2 萬
　D. 3 家，額度 3 萬

● 　解答：C

48.信用卡附卡申請人年齡至少須達幾歲？
　A. 10 歲
　B. 15 歲

C. 20 歲

D. 7 歲

● 解答：B

49.基於內控考量，在外匯交易中，中台及後台作業人員不得辦理何項工作？

A.帳務處理

B.清算

C.下單買賣

D.交割

● 解答：C

50.交易、記錄與保管不集中於個人或單一部門，屬於何項內部控制原則？

A.職能分工原則

B.內部覆核原則

C.分層負責原則

D.風險管理原則

● 解答：A

參考文獻

1. 中央銀行網站，**外匯資訊與法規**，搜尋日期：105 年 1 月~12 月

2. 林勝安、闕廷諭，**銀行法概要**，第 1~3 章，五南書局，102 年 3 月

3. 金管會網站，**金融法規資訊**，搜尋日期：105 年 1 月~12 月，
    http://www.fsc.gov.tw/ch/home.jsp?id=131&parentpath=0,2

4. 金管會銀行局網站，**裁罰案件查詢**，搜尋日期：105 年 8 月~106 年 1 月

5. 金融研訓院網站，**近期歷屆試題與解答**，搜尋日期：105 年 1 月~12 月，
    http://service.tabf.org.tw/Exam/ExamHistory.aspx

6. 金管會證期局網站，**公開發行公司建立內部控制制度處理準則第十八條規定格式**，搜尋日期：106 年 1 月
    http://www.sfb.gov.tw/ch/index.jsp

7. 胡鐸清，**金融監理與金融檢查實務**，第 4、5、7 章，財團法人金融人員研究訓練中心，80 年 6 月

8. 陳錦村，**風險管理制度與實務**，第 3 章、第 5 章，金融研訓院，104 年

9. 陳盈良，**銀行內控與內稽-重點整理及試題解析**，金融研訓院，105 年 3 月

10. 廖勇誠，**外幣保單與保險理財**，第5章，鑫富樂文教，103年1月

11. 廖勇誠，**人身風險管理與考題解析**，第5章，鑫富樂文教，105年1月

12. 銀行公會，**銀行規範與消費者資訊、風險管理實務守則**，搜尋日期：104年1月~106年1月，
    http://www.ba.org.tw/

13. 台北富邦銀行、國泰世華銀行、兆豐銀行、台灣銀行、中國信託銀行、台新銀行、新光銀行、金融研訓院等相關銀行網站資料參考，搜尋日期：104年1月~106年1月

> 生涯規劃的過程，就好比人生旅程，有起點、有目的地，您可以搭乘直達高鐵直達目的地，也可以中途下車旅遊，下次再向最後目的地邁進。

> 沒有目標的人生、您的人生就好比是汪洋中的獨木舟般、在濃霧中迷路般、在旅途中總是搭錯車般，永遠不知道自己身在何處、心在何處、航向何方、何時到達目標、何時結束迷途、何時脫離苦難煩惱、何時才能自我實現！

✧ 活著的每一天，都將成為歷史，人生無法倒帶。哪就活在當下，每一分每一秒都要是精采的、有意義的、樂活的！

✧ 人生不是盲目地追逐金錢，您不應該是卡奴或守財奴或沉溺於股市的股奴！

國家圖書館出版品預行編目(CIP)資料

輕鬆考證照：銀行內部控制及內部稽核規範要點 / 賀冠群著. --
初版. － 臺中市：鑫富樂文教, 2017.03

ISBN 978-986-93065-3-9(平裝)

1.銀行業　2.內部控制　3.內部稽核　4.考試指南

562　　　　　　　　　　　　　　　　　　106001426

輕鬆考證照：
銀行內部控制及內部稽核規範要點

作者：賀冠群

編輯：鑫富樂文教事業有限公司編輯部

美術設計：楊易達、郝定慧、林大田

發行人：林淑鈺

出版發行：鑫富樂文教事業有限公司　　**有著作權‧侵害必究**

地址：402台中市南區南陽街77號1樓

電話：(04)2260-9293　　傳真：(04)2260-7762

總經銷：紅螞蟻圖書有限公司

地址：114台北市內湖區舊宗路二段121巷19號

電話：(02)2795-3656　　傳真：(02)2795-4100

2017年3月1日　初版一刷

定　價◎新台幣325元

ISBN 978-986-93065-3-9

回饋意見：joycelin@happybookp.com